W0197636

Joshua Harris
**Mehr als ein Sonntagsflirt**
Gib der Gemeinde dein Ja-Wort

## Über den Autor

Joshua Harris wurde am 30.12.1974 in Dayton, Ohio geboren. Im Alter von 17 Jahren hielt er bereits öffentliche Vorträge. Über einen Zeitraum von mehreren Jahren gab er die Zeitschrift *New Attitude Magazine* heraus. 1997 schrieb er sein erstes Buch. Im Jahr 2004 übernahm Joshua das Amt des Pastors in der *Covenant Life Church*. Er und seine Frau Shannon haben zwei Kinder, Emma und Joshua Quinn

JOSHUA HARRIS

# Mehr als ein
# SONNTAGSFLIRT

Gib der Gemeinde dein Ja-Wort!

Joshua Harris
**Mehr als ein Sonntagsflirt**
Gib der Gemeinde dein Ja-Wort

Die amerikanische Originalausgabe erschien im Verlag
Multnomah Books unter dem Titel
„Stop Dating the Church".
Copyright © 2004 by Joshua Harris
German © 2006 Gerth Medien GmbH, Asslar
Originally published in English under the title
„Stop Dating the Church" by Joshua Harris.
Published by Multnomah Books,
an imprint of The Crown Publishing Group,
a division of Penguin Random House LLC,
12265 Oracle Boulevard, Suite 200.

International rights are contracted through:
Gospel Literature International,
P.O. Box 4060, Ontario, CA 91761-1003, USA.
This translation published by arrangement with
Multnomah Books, an imprint of The Crown Publishing Group,
a division of Penguin Random House LLC.

Alle Bibelstellen wurden
der folgenden Bibelübersetzung entnommen:
Gute Nachricht Bibel, revidierte Fassung,
durchgesehene Ausgabe in neuer Rechtschreibung,
© 2000 Deutsche Bibelgesellschaft, Stuttgart.

Best.-Nr.: 271.184
ISBN: 978-3-86353-184-3
1. überarbeitete Neuauflage 2016
© Christliche Verlagsgesellschaft Dillenburg
www.cv-dillenburg.de
Übersetzung: Karoline Kuhn
Satz und Umschlaggestaltung: CV Dillenburg
Titelbild: © Shutterstock.com/Mr Aesthetics
Druck: GGP Media GmbH, Pößneck
Printed in Germany

# Inhaltsverzeichnis

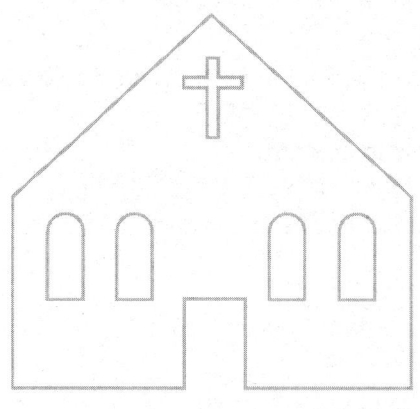

## Kapitel 1

# Ist diese Beziehung noch zu retten?

## Was wir verpassen, wenn wir uns nicht an eine Gemeinde binden

Jack und Grace lernten sich durch einen gemeinsamen Freund kennen. Vom ersten Tag an schienen sie perfekt zusammenzupassen. Grace war alles, was Jack sich immer gewünscht hatte. Sie war wunderschön, kontaktfreudig und warmherzig – immer da, wenn Jack sie brauchte.

In den ersten fünf Monaten waren sie praktisch unzertrennlich. Jack konnte an kaum etwas anderes denken als an Grace. Er brauchte nicht mehr weiterzusuchen, sagte er seinen Freunden. „Sie ist es!"

Inzwischen sind fast drei Jahre vergangen. Jack genießt immer noch die Vertrautheit und Bequemlichkeit des Zusammenseins mit Grace, doch das ganz große Feuerwerk ist vorbei. Graces Fehler scheinen jetzt offensichtlicher zu sein. Er ist sich nicht mehr sicher, ob er sie noch so anziehend findet wie früher.

Und es beginnt ihn zu stören, dass sie so viel Zeit mit ihm verbringen möchte.

Eines Abends fragt sie ihn, ob sie ihre Beziehung nicht langsam etwas verbindlicher gestalten sollen. Jack geht an die Decke: „Wir sind doch zusammen, oder nicht?", fragt er wütend. „Ist das denn nicht genug für dich?"

Offensichtlich ist Jack nicht bereit, sich fest zu binden. Und es ist nicht klar, ob er es jemals sein wird.

Hast du schon einmal so etwas erlebt? Ich schreibe dieses Buch, weil ich davon überzeugt bin, dass Gott etwas Besseres für dich im Sinn hat. Er möchte, dass du in einer Beziehung lebst, die von Leidenschaft und Verbindlichkeit geprägt ist. Doch bevor du sehen kannst, wie dieser wundervolle Plan Wirklichkeit wird, musst du etwas über dieses Pärchen wissen: Es gibt Millionen von Jacks da draußen. Und Grace ist keine Frau.

Grace ist eine Gemeinde.

## Solokarriere

Dies ist mein drittes Buch über Beziehungen, aber es ist ganz anders als die beiden vorigen. Hier wirst du nichts über den Umgang mit dem anderen Geschlecht lesen. Denn diesmal geht es mir einzig und allein um deine Beziehung zur Familie Gottes – seiner Kirche, der Gemeinde.

Die Geschichte dieses Buches ist eng mit meiner eigenen Lebensreise verbunden. Ich bin in einem christlichen Elternhaus aufgewachsen, aber obwohl die Kirche immer eine große Rolle in meinem Leben gespielt hat, hatte sie lange Zeit keinen wirklichen Platz in meinem Herzen.

Meine erste Gemeinde-Erinnerung ist die an die kleine Baptistengemeinde, in der meine Eltern in der Jesus-Bewegung in den wilden 1970er-Jahren Gott kennengelernt hatten. Mein Vater arbeitete als Pastor, bis ich sieben Jahre alt war, und gründete sogar eine Gemeinde in Texas. Doch nach zwei schlimmen und desillusionierenden Gemeindespaltungen kündigte er schließlich den pastoralen Dienst und begann überall im Land Vorträge zum Thema Homeschooling[1] zu halten.

Da er dabei viel herumreisen musste, besuchte unsere Familie im Laufe der Zeit die verschiedensten Arten von Gemeinden – Landeskirchen, evangelikale, charismatische usw. Eine traf sich in einer heruntergekommenen Scheune, wo wir zwischen Hippies und Lamas saßen. Eine andere war eine sucherorientierte Megakirche mit einem Gelände, auf das man locker ein Einkaufszentrum hätte stellen können. Als ich in der Oberstufe war, begann ich mich gemeindemäßig aktiv umzusehen. Ich liebte Gott von ganzem Herzen und beschäftigte mich viel mit der Frage, wie ich ihm dienen könnte, doch ich sah keinen richtigen Grund, mich voll und ganz in einer bestimmten Gemeinde zu engagieren. Ich hatte das Gefühl, alles an Gemeinden kennengelernt zu haben, was es so gab, und sonderlich begeistert hatte mich das alles nicht. Die meisten Gemeinden kamen mir sehr unzeitgemäß vor und schienen so gar nichts mit dem normalen Leben zu tun zu haben. Es musste doch bessere, effizientere Möglichkeiten geben, für Gott Großes zu erreichen!

Für mich stellte sich das so dar, dass ich eben der nächste Billy Graham werden musste. Aber ich war erst

19 und die Welt schien nicht gerade auf meine erste Großevangelisation zu warten. Also konzentrierte ich meine Energien auf näherliegende Gelegenheiten. Ich begann eine Zeitschrift für Kids herauszugeben, die von ihren Eltern zu Hause unterrichtet wurden. Außerdem organisierte ich Jugendtreffen, auf denen ich dann auch gleich selbst sprach, und dann schrieb ich mein erstes Buch: *Ungeküsst und doch kein Frosch* (Gerth Medien, Asslar, 1998).

Die Botschaft dieses Buches ist, zusammengefasst, dass Singles richtungslose Beziehungen meiden sollten, die sich zwar romantisch und körperlich angenehm anfühlen, letztlich aber nicht auf eine wirkliche Bindung hinauslaufen.

......................................................................

*Ironischerweise hatte ich zwar in Bezug auf Mädchen wirklich damit aufgehört, derart sinnlose Beziehungen einzugehen, doch im Hinblick auf die Kirche tat ich genau das! Ich ging mal hierhin, mal dorthin, die sozialen Kontakte gefielen mir, und ich nahm auch gern an Veranstaltungen teil. Doch ich wollte nicht die Verantwortung, die eine feste Bindung mit sich bringt.*

Wie Jack in unserer Einstiegsgeschichte war ich nicht daran interessiert, mich festzulegen. Im Klartext heißt das: Ich flirtete nur mit verschiedenen Gemeinden und hielt mir alles offen. Doch dann geschah etwas, womit ich niemals gerechnet hätte ...

# Eine leidenschaftliche Begegnung

Ein Freund schickte mir ein paar Kassetten mit Predigten zum Thema „Leidenschaft für die Gemeinde". Der Pastor, der darauf sprach, kam aus Maryland. Ich bin mir heute noch nicht darüber im Klaren, warum ich mir diese Kassetten angehört habe. Für einen notorischen „Gemeinde-Hopper" wie mich war ja allein schon der Titel ziemlich abschreckend.

........................................................

*„Leidenschaft für die Gemeinde"? Für mich hatten die beiden Wörter „Leidenschaft" und „Gemeinde" absolut nichts miteinander zu tun! Die Predigtreihe hätte genauso gut „Leidenschaft für den Supermarkt" heißen können.*

Doch aus irgendeinem Grund schob ich auf einer längeren Autofahrt die erste Kassette ein und hörte zu.

Der Pastor sprach über eine Stelle aus dem Epheserbrief. Er machte deutlich, dass die Gemeinde ursprünglich Gottes Idee war – nicht irgendein Plan, den Menschen sich ausgedacht hatten. Tatsächlich ist die Kirche die einzige Institution, der Gott zugesagt hat, sie für immer zu unterstützen und zu erhalten.

Und da kam die Leidenschaft ins Spiel. Es reicht nicht, einfach ein Teil der weltweiten Gemeinschaft der Christen zu sein, so der Pastor. Jeder Christ ist dazu berufen, leidenschaftlich in einer spezifischen Ortsgemeinde involviert zu sein! Warum? Weil die Ortsgemeinde der Schlüssel zu geistlicher Gesundheit und Wachstum ist. Und weil die Ortsgemeinde der sichtbare Leib

Gottes auf Erden ist – und damit der Mittelpunkt von Gottes Plan!

Ich muss gestehen, dass mich die biblischen Wahrheiten dieser Predigt so richtig umgekrempelt haben. Und dabei fiel aus meinen Taschen ein ganzes Sammelsurium an Vorurteilen und festgefahrenen Meinungen über die Kirche im Allgemeinen und im Speziellen. Die meisten davon waren nicht so richtig durchdacht, viele waren falsch, und einige sogar richtiggehend gefährlich. Zum ersten Mal begriff ich, dass es Gottes Plan für mich und für jedes andere seiner Kinder ist, sich von ganzem Herzen auf das Abenteuer Ortsgemeinde einzulassen.

Es geht nicht darum, was meine Eltern gutheißen oder was ein Pastor mir sagt. Es ist Gottes Wille, und da gibt es keine Diskussionsgrundlage.

## Merkmale eines „Gemeinde-Hoppers"

Wir leben heute in einer Welt, die sich immer mehr in Fragmente aufspaltet. Das hat auch die Art und Weise beeinflusst, wie wir unsere Beziehung zu Gott betrachten. Glaube ist Privatsache.

Experten bezeichnen Amerika heute als eine Nation von Gläubigen ohne Zugehörigkeit – und Zahlen bestätigen das. Einer Umfrage von George Barna zufolge ist die Einwohnerzahl der Vereinigten Staaten in den 1990er-Jahren um 15 Prozent angestiegen – und die Zahl der Erwachsenen, die nie oder nur an hohen Feiertagen in eine Kirche gehen, ist gleichzeitig um 92 Prozent gewachsen![2]

Woran erkennt man einen „Gemeinde-Hopper"? Hier ein knappes Profil. Wenn du eine oder mehrere dieser Eigenschaften an dir selbst feststellst ... nun ja!

Zuallererst: Die Einstellung eines „Gemeinde-Hoppers" zur Kirche könnte man als „egozentriert" bezeichnen. Man nimmt sich, was man kriegen kann – soziale Kontakte, Freizeitangebote, Weiterbildung. Die treibende Kraft dahinter ist die Frage: „Was kann diese Gemeinde mir bieten?"

Ein weiteres Anzeichen für einen „Gemeinde-Hopper" ist die Unabhängigkeit. Man geht zur Kirche, weil man das als Christ eben tut, doch wir geben gut Acht, dass wir uns nicht zu stark involvieren, besonders nicht mit anderen Menschen. Wir möchten auch lieber nicht zu viel über Gottes höhere Ziele mit uns als wichtigem Teil seiner Kirchenfamilie wissen. Also nehmen wir passiv teil, ohne uns wirklich zu investieren.

Das wichtigste Anzeichen für „Gemeinde-Hoppertum" ist die kritische Grundhaltung. Wir sind schnell dabei, alle möglichen Fehler an einer Gemeinde zu entdecken, und so richtig solidarisieren wir uns mit keiner. Wir betrachten Gemeinden mit einer Konsumentenmentalität: Wir möchten das beste Produkt zum besten Preis haben. Dieses Verhalten erinnert an einen Liebhaber, der seine Freundin küsst und währenddessen seinen Blick schweifen lässt, um zu sehen, ob sich nicht noch etwas Besseres finden lässt.

Nehmen wir zum Beispiel meinen Freund Nathan. Er ist eine Weile jeden Sonntag in zwei Gemeinden gegangen – in der einen gefiel ihm die Musik, in der anderen der Predigtstil des Pastors. Also ging er in die erste Gemeinde, hörte sich dort den Lobpreisteil an und schlich sich dann davon, um gerade rechtzeitig zum Predigtbeginn in der anderen aufzukreuzen. Manchmal schaffte er es sogar, unterwegs noch kurz bei McDonalds einzukehren. Eigentlich eine starke Leistung!

........................................................

*Wenn du dich selbst in einem oder mehreren der obigen Punkte wieder erkannt hast, möchte ich dir aus eigener Erfahrung eins mitteilen: Gott hat etwas Besseres für dich im Sinn! Was Profi-Hopper wie Nathan oder Jack nicht begreifen, ist die Tatsache, dass sie zwar denken, einen persönlichen Gewinn aus ihrem Verhalten zu beziehen, in Wirklichkeit erleiden sie aber einen herben Verlust – und andere Menschen auch.*

Ich schreibe dieses Buch, weil ich davon überzeugt bin, dass es einen enormen Segen bringt, sich verbindlich einer Ortsgemeinde anzuschließen. Ich möchte dir einen Blick auf die Schönheit von Gottes Plan mit der Gemeinde geben und auf die ungeahnten Möglichkeiten, die sich bieten, wenn sich eine ganze Generation diesem Plan öffnet.

Und warum sollte es nicht unsere Generation sein?

Doch bevor wir uns den Vorteilen der Verbindlichkeit zuwenden, sollten wir daran denken, was verloren geht, wenn wir Gemeinde-Hopping zu einem Lebensstil machen. Wir betrügen uns um Leidenschaft, Hingabe und tiefe Zufriedenheit in unserer Beziehung zur Gemeinde und wir verpassen Gottes beste Absichten!

# Leben ist mehr

Denke einmal darüber nach, wie hoch die Messlatte für jedes menschliche Leben liegt. Wir alle leben in einer sichtbaren Welt, die nur eine Art „Matrix" der viel größeren unsichtbaren Realität ist. Ein kosmischer Konflikt tobt zwischen den Mächten von Gut und Böse und wir stecken mittendrin. An irgendeinem Punkt in der Zukunft wird jeder Mensch, der jetzt lebt, tot sein, und alle werden zur Rechenschaft gezogen. Jede einzelne der momentan über sieben Milliarden Seelen wird die Ewigkeit entweder im Himmel oder in der Hölle zubringen. Darum muss jeder Mensch, der heute lebt, unbedingt die Gute Nachricht hören!

Die Gute Nachricht ist simpel und wunderbar – Jesus Christus ist gestorben, um uns von unseren Sünden zu erlösen, und es gibt keinen anderen Weg zu Gott (siehe Johannes 14,6 oder Römer 5,8). Um das Geschenk der Vergebung zu erhalten, müssen wir uns von unserem alten Leben abwenden, unsere Sünden aufrichtig bereuen und Jesus von ganzem Herzen vertrauen (siehe 1. Johannes 1,8–9, Römer 10,9, Epheser 2,8–9).

Hast du diese Gute Nachricht schon einmal gehört? Hast du darauf reagiert und Vergebung für deine Sünden erlangt? Ich hoffe es!

Und nun dazu, wie die Gemeinde und die Gute Nachricht miteinander zusammenhängen:

. . . . . . . . . . . . . . . . . . . . . . . . . . . . . . . . . . . . . . .

*Die Gemeinde ist das Medium, das Jesus ausgewählt hat, um die Gute Nachricht an jede Generation und jedes Volk weiterzugeben. Das große Bild beginnt sich zu entfalten: Die Gemeinde ist deshalb so wichtig, weil Jesus selbst sie auserwählt hat, um der Welt die Botschaft seiner Liebe mitzuteilen. Und diese Botschaft ist die einzige Hoffnung unserer Welt!*

Paul David Tripp schreibt: „Dein Leben ist so viel mehr als ein guter Job, ein verständnisvoller Partner und nicht-rebellische Kinder. Es ist mehr als ein schöner Garten, ein toller Urlaub und schicke Klamotten. In- Wirklichkeit bist du ein Teil von etwas Großartigem, etwas, das schon lange vor deiner Geburt angefangen hat und das weitergeht, wenn du schon längst tot bist. Gott rettet die gefallene Menschheit, führt sie in sein Königreich und verändert sie nach und nach in sein Ebenbild – und er möchte, dass du daran mitwirkst!"[3]

Ist das nicht ganz erstaunlich? Gott hat uns nicht nur gerettet; er lädt uns auch ein, an seinem Masterplan zur Rettung der Menschheit teilzuhaben! Und das geschieht nach seinem Willen durch ... die Ortsgemeinde! Das ist ihre ureigene Aufgabe, und es ist unsere Berufung und unser ganz großes Privileg, daran mitzuwirken.

Doch wie du auf den folgenden Seiten sehen wirst, ist noch eine andere einflussreiche Dimension am Werk, wenn wir uns dazu entschließen, die uns zustehende Rolle in der Familie Gottes ernstzunehmen. Wenn wir uns nämlich ernsthaft in die Gemeindearbeit stürzen, bringen wir uns selbst in die bestmögliche Position, um Gott zu gestatten, seine Ziele mit uns persönlich zu verfolgen. Die Gemeinde ist nämlich so etwas wie das Gewächshaus Gottes, in dem wir geistlich aufblühen. Hier gibt Gott uns die nötige Nahrung, Licht und Wärme, um uns nach seinem Bild zu den Menschen zu machen, die wir nach seinem Plan sein sollen.

........................................................

*Die Gemeinschaft mit anderen Christen ist der Ort, an dem wir lernen, Gott und andere Menschen zu lieben; wo wir durch die Wahrheit seines Wortes gestärkt und verändert werden; wo wir lernen zu beten, anzubeten und zu dienen; wo wir ganz sicher sein können, dass wir unsere Zeit und unsere Fähigkeiten bestmöglich einsetzen, weil wir sie in die Ewigkeit investieren; wo wir in unseren Fähigkeiten als Freunde, Kinder, Ehepartner und Eltern wachsen. Die Gemeinde ist der allerbeste Ort auf Erden, von Gott eigens für uns gemacht, um neu anzufangen, um zu wachsen und uns zu verändern.*

Deshalb werde ich nie müde zu erzählen, dass man nicht einfach einen weiteren stressigen Punkt auf seine sowieso schon volle To-do-Liste setzt, wenn man sich einer Gemeinde anschließt, sondern dass man ganz im Gegenteil dann erst endlich anfängt, all die Segnungen zu erleben, die Jesus uns als „Früchte eines geistlichen Lebens" versprochen hat – Leben im Überfluss!

## Warum du weiterlesen solltest

Im Folgenden werden wir uns damit befassen, wie Gott die Gemeinde sieht und wie es unsere Einstellung verändert, wenn wir sie ebenfalls aus seiner Perspektive zu betrachten beginnen. Wir werden uns ehrlich fragen, was uns eigentlich davon abhält, uns verbindlich einer Ortsgemeinde anzuschließen, und was wir daran ändern können. Wir werden uns außerdem die Veränderungen unseres Lebensstils ansehen, die sich einstellen werden, wenn wir die Gemeinde zur Priorität machen, ebenso wie die Vorteile, die diese Veränderungen mit sich bringen. Und wir werden uns damit beschäftigen, nach welchen Gesichtspunkten du dich für eine Ortsgemeinde entscheiden kannst, wenn du so weit bist.

Bei manchen Leuten weckt schon allein der Gedanke, sich (wieder) einer Gemeinde anzuschließen, unangenehme Erinnerungen und Gefühle. Vielleicht denkst du, dass du deinen Glauben am besten allein auslebst und prima klarkommst. Oder du hast üble Erfahrungen gemacht. Vielleicht musstest du miterleben, wie eine Gemeinde durch Arroganz, mangelnde Integrität oder Machtgier auseinandergerissen wurde. Wenn du das Wörtchen „Verbindlichkeit" nur hörst, würdest du am liebsten schreiend wegrennen. Noch einmal möchtest du so etwas nicht erleben!

Wenn das der Fall ist, verstehe ich deine Gefühle voll und ganz – und hoffe, dass du trotzdem weiterliest! Ich möchte dir nämlich Mut machen, wieder mit dem Träumen zu beginnen ... von einer Gemeinde, die so ist, wie Gott es sich vorstellt, und in der du deinen ureigenen Platz findest. Und dass du über das Träumen hinausgehst und daran glaubst, dass Gottes unveränderliches Ziel mit dir viel, viel stärker ist als die Sünde irgendeines anderen Menschen, der in der Vergangenheit bei dir dieses Trauma bewirkt hat!

Ich gebe zu, die Aussicht, sich Hals über Kopf zu verlieben, kann auch ein bisschen beängstigend sein. Aber Gott wünscht sich für uns genau diese Art von Erfahrung mit seiner Gemeinde. Er selbst fühlt nämlich genau diese ganz große Leidenschaft für dich!

Nein, ich übertreibe nicht – denn auch heute noch nennt Jesus die Gemeinde seine „Braut".

*wo steht das ???*

## Kapitel 2

# Er nennt sie immer noch seine Braut

### Die Gemeinde aus der Perspektive
### des Himmels

Mein Gesicht ist vom Dauerlächeln schon ganz ver-krampft. Mein Herz hämmert, als hätte ich einen 500-Meter-Sprint hingelegt, dabei stehe ich ganz still. Ich richte mich so hoch auf, wie das bei meiner gerin-gen Größe eben geht, und warte.

Und dann braust die Musik los. Die Tür hinten am anderen Ende der Kirche öffnet sich, ich erhasche einen Blick auf etwas Weißes und beginne vor Spannung zu zittern.

Dies ist der große Moment!

Alle Köpfe drehen sich und die Versammlung erhebt sich.

Da kommt Shannon am Arm ihres Vaters herein. Sie scheint von innen heraus zu glühen. Wenn es doch nur eine Stopp-Taste gäbe, damit ich diese Szene festhalten könnte – nur so lange, um sie wirklich ganz fassen zu können. Ich möchte jede Sekunde voll auskosten. Es ist mein Hochzeitstag und gerade ist meine Braut hereingekommen.

## Stell dir das vor ...

Die Bibel benutzt viele Bilder, um die Gemeinde zu beschreiben. Jedes dieser Bilder steckt voller Symbolik und Bedeutung, doch eins erscheint mir am schönsten, weil es uns nicht nur dabei hilft, Gottes Ziel mit uns und der Gemeinde zu verstehen, sondern auch die Tiefe seiner Liebe und Zuneigung zu uns beleuchtet. Paulus schreibt, dass Jesus die Gemeinde betrachtet wie ein Bräutigam seine Braut. *Wo steht das ???*

Früher hatte das nicht so besonders viel Bedeutung für mich – aber das änderte sich radikal an meinem eigenen Hochzeitstag! Ich kann mir nicht mehr alle Emotionen und Gedanken in Erinnerung rufen, die mich durchfuhren, als ich Shannon auf mich zuschweben sah, doch ich weiß noch, dass ich mitten in all der freudigen Erregung einmal dachte, dass ich jetzt wohl eine leise Ahnung dessen haben durfte, was Jesus uns, seinen Nachfolgern, gegenüber empfindet.

Freudige Erregung.

Überfließende Liebe.

Unbändige Hoffnung.

Meine eigenen Gefühle in diesem Moment waren nur ein schwacher Abglanz von dem, was Jesus für seine Gemeinde empfindet.

Weil dies ein Buch über deine Beziehung zu deiner Ortsgemeinde ist, fragst du dich vielleicht, was all dieses Gerede über Liebe damit zu tun haben soll. Wenn du in der Vergangenheit bereits Erfahrungen in einer oder mehreren Gemeinden gemacht hast, würdest du mir jetzt vielleicht gern deine Erlebnisse mitteilen – schöne, weniger schöne und schlichtweg erschütternde.

Doch ich möchte mit dir gemeinsam etwas wagen. Lass uns deine Erfahrungen aus einem neuen Blickwinkel betrachten! Im nächsten Kapitel wollen wir uns mit der Ortsgemeinde befassen, wie sie die meisten von uns erlebt haben. Doch zuerst möchte ich mit dir über die wahre Kirche nachdenken, die nichts mit einem Gebäude, mit einer Denomination oder Tradition zu tun hat. Diese Kirche ist die über die ganze Welt verstreute Großfamilie Gottes, bestehend aus allen Menschen, die das Geschenk der Gnade durch den Glauben an Jesus Christus angenommen haben.

Was sagt uns dieses eine Wort – *Braut* – über die Natur der Liebe Jesu zu dieser weltweiten Kirche?

## Ein großartiges Geheimnis

In Epheser 5,25–32 weist Paulus Ehemänner an, ihre Frauen so zu lieben, wie Jesus die Gemeinde liebt. Vielleicht hast du diese Passage schon bei Hochzeiten als Lesung gehört. Es geht in dieser Bibelstelle darum, wie Männer ihre Frauen lieben und versorgen sollen. Gleichzeitig sagt sie aber auch viel über die Haltung Jesu seiner Gemeinde gegenüber aus.

Versuche doch noch einmal, die vertrauten Verse aus einer neuen Perspektive zu lesen. Was sagt uns der

Text darüber, was Jesus für uns getan hat und noch tun möchte?

„Ihr Männer, liebt eure Frauen so, wie Christus die Gemeinde geliebt hat! Er hat sein Leben für sie gegeben, um sie rein und heilig zu machen im Wasser der Taufe und durch das dabei gesprochene Wort. Denn er wollte sie als seine Braut in makelloser Schönheit vor sich stellen, ohne Flecken und Falten oder einen anderen Fehler, heilig und vollkommen. So müssen auch die Männer ihre Frauen lieben wie ihren eigenen Körper. Denn ein Mann, der seine Frau liebt, liebt sich selbst. Niemand hat doch je seinen eigenen Körper gehasst; im Gegenteil, er ernährt und pflegt ihn. So tut es auch Christus mit der Gemeinde, die sein Leib ist. Und wir alle sind doch Teile an diesem Leib. Ihr kennt das Wort: ‚Deshalb verlässt ein Mann Vater und Mutter, um mit seiner Frau zu leben. Die zwei sind dann eins, mit Leib und Seele.' In diesem Wort liegt ein tiefes Geheimnis. Ich beziehe die Aussage auf Christus und die Gemeinde" (Epheser 5,25–32).

Offensichtlich dreht sich diese Passage nicht um eine Gemeinde im Speziellen, sondern um die Kirche als Ganzes. Die lebende, atmende geistliche Familie, zu der wir gehören, sobald wir gerettet und getauft werden (siehe Apostelgeschichte 2,38).

........................................................

*Wie sehr liebt Jesus die Gemeinde? Dieser Passage zufolge so sehr, dass er sein eigenes Leben für sie aufgab. Er opferte sich, um uns zu retten. Und bis heute ist er ständig dabei, uns für die Ewigkeit vorzubereiten.*

Seine Liebe zur Kirche ist nicht flüchtig, sondern sanft und geduldig. Er ist voller Hingabe. Er tritt ständig für uns vor dem Vater ein. Er nährt, schützt, versorgt und feiert uns.

Seine Liebe zur Gemeinde ist so tief und seine Identifikation mit ihr so stark, dass er sie als seinen eigenen Körper betrachtet. Wenn wir mit ihm vereint sind, dehnt sich sein Leben auf uns aus. Das bedeutet: Alles, was uns widerfährt, tangiert auch ihn. Wenn wir verfolgt werden, wird er ebenfalls verfolgt. Wenn wir uns freuen, tut er es auch.

Ist dir aufgefallen, dass die Stelle aus dem Epheserbrief mit einem Verweis auf 1. Mose 2 endet, wo die Rede davon ist, dass Mann und Frau in der Ehe „ein Fleisch" werden? Paulus sagt uns, dass sich diese Stelle ebenso auf Jesus und die Gemeinde beziehen lässt. War es nicht vielleicht so, dass Gott seine Inspiration, die Gemeinde zu lieben, nicht vom Vorbild einer guten Ehe bezogen hat, sondern dass er vielmehr die Ehe erschaffen hat, um seine Liebe zur Gemeinde zu illustrieren?

Ich glaube, dass es so ist. Kein Wunder, dass Paulus die Metapher der Gemeinde als Braut Christi ein „tiefes Geheimnis" nennt!

Gott hat Romantik, Leidenschaft und das Versprechen ewiger Liebe zwischen Mann und Frau erfunden, damit wir einen schwachen Abglanz der intensiven Liebe erhaschen können, die er selbst für seine Gemeinde empfindet und für die er sogar gestorben ist. So viel Passion! Selbst wenn du nie in der Bibel liest, hast du schon das Echo dieser wunderbaren Liebe in deinem Leben gehört. Jede Geschichte von wahrer Liebe ist ein

Hinweis darauf. Jeder Bräutigam, der beim Anblick seiner strahlenden Braut weiche Knie bekommt, ist eine lebendige Erinnerung daran. Jede gute, treue, hingebungsvolle Ehe deutet auf sie hin. All das sind unvollkommene Echos des vollkommenen Liebesliedes vom Himmel.

## Lieben, was er liebt

Ich hoffe, dich mit diesem Buch dazu motivieren zu können, dass du dich von ganzem Herzen einer Ortsgemeinde anschließt. Doch zuerst müssen wir begreifen, wie Gott die Gemeinde als Ganzes sieht. Das stärkste Argument, warum wir die Gemeinde lieben und wichtig nehmen sollten, ist die Tatsache, dass Jesus sie liebt und wichtig nimmt. Die größte Motivation für uns, uns leidenschaftlich in einer Ortsgemeinde zu engagieren, ist die Tatsache, dass Jesus sich leidenschaftlich in der Gemeinde engagiert.

Als Christen sind wir dazu berufen, Gott nachzueifern (Epheser 5,1). Wir sollen in das Bild seines Sohnes verwandelt werden (Römer 8,29). Da ist es wohl keine Frage, dass dazu auch gehört, das lieben zu lernen, was er liebt. Christen sprechen oft davon, dass sie lernen wollen, Gottes Herz für die Armen oder die Verlorenen zu bekommen. Doch wir brauchen auch Gottes Herz für die Gemeinde! Wenn Jesus sie so sehr liebt, sollten wir das auch tun. So einfach ist das.

Aber warum fällt es uns dann so schwer? Was fällt dir denn ein, wenn du an sie denkst?

..............................................................

*Stellen wir uns den Tatsachen: Den meisten von uns kommt nicht gleich das Bild einer strahlenden Braut in den Sinn! Unsere Sicht der Kirche ist von schlechten Erfahrungen oder falschen Annahmen verzerrt. Wir sehen ein bestimmtes Gebäude vor uns, eine Denomination, einen peinlichen Fernsehprediger oder irgendeinen Skandal, von dem wir in den Medien erfahren haben. Die Kirche ist meist nichts, worauf wir sonderlich stolz wären oder das uns am Herzen liegt.*

Doch vielleicht würde sich all das ändern, wenn wir anfangen würden, die Kirche aus der Perspektive des Himmels zu betrachten.

## Was die himmlische Welt sieht

Die Bibel lehrt uns in Epheser 3,10–11, dass die „Mächte und Gewalten in der himmlischen Welt" auf Gottes Arbeit durch die Kirche herabsehen und voller Staunen und Ehrfurcht über das sind, was Gott tut. Sie sind wie gebannt von dem, was sich durch die Gemeinde auf der Erde tut. Warum? Weil durch die Gemeinde „seine Weisheit in ihrem ganzen Reichtum" vorgestellt und die geistlichen Geheimnisse enthüllt werden, die seit Jahrhunderten verborgen waren.

Was ist diese Weisheit? Sie besteht in den großartigen Auswirkungen, die das Evangelium auf das Leben und die Beziehungen unzähliger Menschen auf der Erde hat. Der Epheserbrief spricht davon, dass durch das Evangelium nicht nur Sünder wieder mit Gott vereint werden, sondern im Rahmen der Gemeinde auch miteinander Versöhnung erleben.

„Ihr Menschen aus den anderen Völkern seid also nicht länger Fremde und Gäste. Ihr habt Bürgerrecht im Himmel zusammen mit den heiligen Engeln, ihr seid Gottes Hausgenossen." (Epheser 2,19)

························································

*Die himmlischen Geschöpfe schauen auf die Gemeinde und sehen eine faszinierende Familie. Die Macht des Evangeliums verändert nicht nur Individuen, sondern erschafft auch eine ganz neue Art von Menschen. Mitten in unserer zerrissenen Welt, die durch Geschlechter, Rassen, Klassen und politische Ideologien geteilt ist, ist die Kirche die berühmte „Stadt auf dem Hügel", in der Menschen, die früher einmal Gott und andere Menschen hassten, Kinder Gottes und Mitglieder einer großen Familie werden.*

Diese Familie lebt sich auf praktische und radikale Weise aus.

Maureen, einer weißen Frau aus meiner Gemeinde, liegt besonders die Gleichstellung Farbiger in unserer Gesellschaft am Herzen. Sie ist ein Kind der Sechziger. Ihre Eltern waren damals sehr aktiv in der Bürgerrechtsbewegung. Schon als Jugendliche musste sie erleben, dass sie schikaniert wurde, weil sie mit schwarzen Jugendlichen befreundet war. Lange Zeit hoffte sie vergebens, dass sich die Dinge nach und nach verändern würden. Doch das geschah nicht, und immer wieder erlebte sie schockierende Missstände. Sie ist sich sicher: „Ohne Gott kann die Kluft zwischen Schwarz und Weiß nicht überwunden werden."

Mit Mitte 20 wurde Maureen Christin und verliebte sich kurz darauf in eine Gemeinde. Denn dort erlebte sie Dinge, die nirgends sonst auf der Welt geschahen: „Ich begriff, dass die Gemeinde der einzige Ort ist, an dem Menschen verschiedener Rassen wahre Vergebung, Annahme und Vertrauen finden und spenden können, wie es für tiefe Freundschaften nötig ist."

Maureens beste Freundin ist eine Jamaikanerin und ihre Kinder haben ebenfalls Freunde aus den verschiedensten Kulturkreisen. „Die drei besten Freunde meines Sohnes kommen von drei verschiedenen Kontinenten: aus Nigeria, Mexiko und von den Philippinen. Keiner ist weiß – keiner ist gebürtiger Amerikaner! Und erstaunlicherweise stört das niemanden, weil hier in unserer Gemeinde die Rasse keine Rolle spielt. Unsere gemeinsame Beziehung zu Jesus Christus ist es, die uns zu Mitgliedern derselben Familie macht."

Maureen hat einen Blick darauf erhascht, was der Himmel in der Gemeinde Gottes sieht.

## Zwei weitere Bilder

Die Gemeinde Jesu Christi ist eine Familie wie keine andere. Doch damit endet ihr Geheimnis noch nicht. Wenn die Himmelswesen auf uns herunterschauen, sehen sie etwas noch Erstaunlicheres – einen „Leib", einen Körper.

„Alles hat Gott ihm unterworfen; ihn aber, den Herrn über alles, gab er der Gemeinde zum Haupt.

Die Gemeinde ist sein Leib: Er, der alles zur Vollendung führen wird, lebt in ihr mit seiner ganzen Fülle" (Epheser 1,22–23).

Die Gemeinde liegt Gott so sehr am Herzen, ist für seine Arbeit in der Welt so zentral wichtig, dass er uns den „Leib Christi auf Erden" nennt. Wir sind viel mehr als Brüder und Schwestern in Christus. Wenn wir unsere Einheit mit ihm durch den Gottesdienst, durch die Anbetung und das Abendmahl ausdrücken, werden wir die physische Manifestation unseres Herrn auf Erden.

Bist du bereit für ein weiteres Bild? Der Himmel sieht die Gemeinde als einen großartigen Tempel. Durch die Kirche erschafft Gott eine Struktur, die in der Geschichte keine Entsprechung hat. Sie ist nicht aus Stein oder Ziegeln gemacht und größer als jede Kathedrale, die menschliche Hände erbaut haben. Dieses Bauwerk besteht nämlich aus „lebendigen Steinen" (1. Petrus 2,5). Die Apostel und die Propheten haben das Fundament gelegt, Jesus selbst ist der Eckstein, und du und ich werden dem Gesamtwerk hinzugefügt.

„Durch ihn wird der ganze Bau zusammengehalten, durch ihn, den Herrn, wächst er auf zu einem heiligen Tempel. Weil ihr zu Christus gehört, seid auch ihr als Bausteine in diesen Tempel eingefügt, in dem Gott durch seinen Geist wohnt" (Epheser 2,21–22).

Als Gläubige gehören wir zu einer geistlichen Struktur, einem Bauwerk, das uns mit den Aposteln verbindet, die mit dem Herrn selbst gegangen sind, mit den Heiligen aller Generationen seither und aller Rassen und Länder – und zwar die, die uns vorangegangen sind, und die, die nach uns kommen werden.

........................................................

*Im Alten Testament manifestierte sich Gottes Gegenwart in der Stiftshütte und später im Tempel von Jerusalem. Doch nach dem Kommen Christi war das nicht mehr notwendig – denn heute ist die Kirche der Tempel Gottes, der Ort, an dem er wohnt und seine Gegenwart deutlich macht. Wir sind die Wohnstätte Gottes auf Erden – nicht unsere Gebäude, sondern die Gemeinschaft der Christen.*

## Alles zusammenfügen

Siehst du langsam klarer, warum es so wichtig ist, dass wir zur Gemeinde gehören?

Eric Lane beschreibt, was jedes dieser Bilder über unseren Part darin verrät: „Ein Familienmitglied zu sein bedeutet, zu einer Gemeinschaft zu gehören, die durch einen gemeinsamen Vater verbunden ist. Ein Stein im Tempel zu sein bedeutet, zu einer Lobpreis-Gemeinschaft zu gehören. Ein Teil des Leibes zu sein bedeutet, zu einem lebenden, funktionierenden, dienenden, Zeugnis gebenden Organismus zu gehören."

„Wenn man alle Glieder zusammenfügt", so Eric Lane weiter, „hat dieser Organismus alle lebenswichtigen Funktionen eines Individuums. Offensichtlich sollen wir diese nicht allein erfüllen, sondern gemeinsam in der Kirche."[1]

Er hat Recht! Wir können unser Leben als Christ nicht allein leben. Wenn wir von unserer Sünde befreit werden, werden wir ein Teil eines größeren Ganzen – einer Familie, eines Körpers, eines Tempels. Durch die weltweite Kirche wirkt Gott, durch sie verherrlicht er sich selbst und verändert Leben.

Diese Gemeinde, bestehend aus Menschen aller Stämme und Generationen, wird in den letzten Tagen als Braut vor Jesus geführt (siehe Offenbarung 19,7).

Diese Gemeinde wird letzten Endes über menschliches Versagen und dämonische Angriffe triumphieren.

Diese Gemeinde wird niemals sterben.

## Vielversprechende Unterschiede

Inzwischen denkst du vielleicht, dass sich Gottes Plan mit der Gemeinde ganz gut anhört, er aber in der Praxis offensichtlich nicht funktioniert. Was ist mit all diesen verschiedenen Gemeinden und Denominationen? Sind sie nicht lebende Beweise dafür, dass es mit der Einheit, für die Jesus in Johannes 17 gebetet hat, nicht sonderlich gut geklappt hat?

Wenn du so oder ähnlich denkst, möchte ich dich einladen, noch einmal neu über den Begriff Einheit nachzudenken.

Wahre Einheit entsteht durch den Geist Gottes im Glauben an das Evangelium. Jede Form der Einheit, die die zentralen Wahrheiten des Evangeliums missachtet – die Anerkennung der Person Jesus Christus, seinen Kreuzestod und die Auferstehung, die Rechtfertigung durch Gnade und Glauben allein –, ist keine wahre Einheit. Nur diejenigen, die diese Kernwahrheiten der Bibel hochhalten, erleben wahre Einheit. Wir sind eins in Christus, auch wenn wir auf entgegengesetzten Seiten der Erde leben und ganz unterschiedlichen Traditionen folgen.

*Man muss also denominationsmäßige Unterschiede nicht unbedingt als Feinde der Einheit betrachten, sondern als etwas, das wahre Einheit sogar in erreichbare Nähe rückt. Wir stimmen darin überein, in den Dingen von größter Wichtigkeit übereinzustimmen; wir stimmen darin überein, unterschiedliche Ansichten bei den weniger wichtigen Dingen zu respektieren.*

„Die verschiedenen Denominationen gestatten es uns, in unserer Ortsgemeinde eine organisatorische Einheit zu erleben, in der wir voll und ganz miteinander übereinstimmen", schreibt Richard Phillips, „und gleichzeitig ermöglichen sie es uns, geistliche Einheit mit anderen Denominationen zu haben, da wir nicht gezwungen sind, uns unseren Weg zur vollkommenen Übereinstimmung zu erkämpfen, sondern unsere unterschiedlichen Auffassungen von sekundären Dingen akzeptieren können."[2]

Jesu Gebet um Einheit ist also auf die wirklich wichtigste Art und Weise beantwortet worden: Dank des Evangeliums ist Einheit möglich. Unsere Aufgabe ist es, sie zu erhalten. Wie das geht? Indem wir einen „denominationalen Geist" vermeiden. Indem wir Gott darum bitten, dass er durch andere Christen wirkt, auch wenn sie ihren Glauben vielleicht ganz anders leben als wir. Indem wir doktrinale Unterschiede von sekundärer Bedeutung auf ihren Platz verweisen. Und indem wir uns von Herzen freuen, wenn wir hören, wie Gott andere Christen einsetzt, um seine Ziele zu verfolgen.

Wenn wir uns eine solche innere Einstellung aneignen, werden wir die weltweite Kirche langsam, aber sicher als das bemerkenswerte Phänomen wahrnehmen lernen, das sie ist.

Jean ist vor Kurzem nach Ägypten gezogen. Eines Sonntagmorgens fiel ihr plötzlich auf, dass sie im Gottesdienst mit Glaubensgeschwistern aus über 60 Ländern gemeinsam Gott anbetete. „Wir hatten uns versammelt, durch unser gemeinsames Ziel vereint, um Jesus Christus anzubeten und zu ehren", schrieb sie mir. „Wir waren eins in ihm. Da habe ich einen kleinen Eindruck davon bekommen, wie es im Himmel sein wird, wenn jedes Volk, jeder Stamm, jede Kultur vor dem Thron steht."

Durch seine weltweite Gemeinde repräsentiert Jesus sich selbst und mit ihrer Hilfe breitet er seine Herrschaft auf eine Art und Weise weiter aus, die kein einzelner Mensch, keine Ortsgemeinde und keine Denomination allein vollbringen könnte.

*10.10.2016 u. Cls.*

## Die Zeit kann seiner Liebe nichts anhaben

Wenn wir die Gemeinde mit Gottes Augen betrachten, lernen wir zwei extrem wichtige Lektionen: Erstens, die Gemeinde ist ihm viel wichtiger, als wir denken. Und zweitens, er beruft uns dazu, ein Teil der Gemeinde zu werden – weil wir ein Teil von ihr sind!

Wenn Jesus die Gemeinde so liebt, sollten wir das auch tun. Die Ausrede, dass die Kirche es in der Vergangenheit viel zu oft vermasselt hat oder dass wir enttäuscht wurden, zählt nicht. Jesus ist die einzige

Person, die das Recht hat, die Gemeinde abzuschreiben. Aber das hat er nie getan und er wird es auch nie tun.

Ich habe mich neulich mit einem Mann unterhalten, der seit über 25 Jahren verheiratet ist. Während er mir von sich und seiner Familie erzählte, holte er seine Brieftasche hervor. „Lassen Sie mich Ihnen ein paar Fotos von meiner Braut zeigen", sagte er ganz aufgeregt. Ich erwartete daraufhin eigentlich ein abgewetztes altes Bild von ihrem Hochzeitstag, aber er reichte mir ein offensichtlich aktuelles Foto seiner Frau, die in den Fünfzigern war. Vor lauter Rührung musste ich lächeln. Die Liebe zu seiner Frau sprang diesem Mann aus allen Knopflöchern und sie war richtig inspirierend. Sie war für ihn nicht einfach „die Gattin" oder die „gute alte Ehefrau". Nicht mal der Begriff „meine Frau" konnte alles abdecken, was er für sie empfand. Nach einem Vierteljahrhundert war sie immer noch seine Braut! Sie besaß immer noch sein ganzes Herz, seine Leidenschaft und seine freudige Erwartung.

Die Bibel sagt uns, dass Jesus eine ähnliche und sogar noch viel größere Liebe für uns, seine Gemeinde, hat. Trotz all unserer Fehltritte, Sünden und Makel haben sich seine Gefühle für uns nie geändert.

John Stott schreibt: „Auf Erden tritt sie oft in Lumpen und Fetzen auf, verschmutzt und hässlich, abgelehnt und verfolgt. Doch eines Tages wird sie als das gesehen werden, was sie ist – nicht weniger als die Braut Christi, frei von Sünde, heilig und ohne Tadel, wunderschön und prachtvoll. Auf dieses konstruktive Ende hat Jesus die ganze Zeit hingearbeitet und er tut es noch. Die Braut macht sich nicht selbst präsentabel zurecht; es ist der Bräutigam, der arbeitet, um sie zu verschönern, damit er sie schließlich sich selbst präsentieren kann."[3]

Jesus ist jeden Tag damit beschäftigt, uns schön zu machen. Er hat uns schon vor Grundlegung der Welt erwählt (Epheser 1,4–6). Er hatte uns im Sinn, als er sterbend am Kreuz hing. Seitdem ist viel Zeit vergangen, doch seine Passion ist nicht schwächer geworden.

Er nennt uns immer noch seine Braut.

# Kapitel 3
# Warum wir wirklich eine Ortsgemeinde brauchen
## Global denken, lokal lieben

Ich begegnete Michael in einem Buchladen ganz bei uns in der Nähe. Er war Mitte Zwanzig, trug ein Ziegenbärtchen und seine schwarzen Haare standen in alle Richtungen ab. Lässig lümmelte er auf einem der bequemen Sessel herum, die in der Leseecke aufgestellt waren. Was meine Aufmerksamkeit erregte, war die Feststellung, dass er inmitten all dieser Bücher ausgerechnet in einer Bibel las. Ich verwickelte ihn also in ein Gespräch. Er erzählte mir, dass er Christ war, im Moment aber eine ziemlich schwierige Zeit in seinem Glaubensleben durchmachte.

Ich fragte ihn: „Und in welche Gemeinde gehst du?"

„Eigentlich in keine so richtig", murmelte er und fuhr sich mit den Fingern durch die Haare. „Die letzten beiden Gemeinden, denen ich mich angeschlossen hatte, haben kurz hintereinander eine hässliche Spaltung durchgemacht." Er lachte bitter auf. „Ich fürchte mittlerweile, dass ich Gemeinden negativ beeinflusse!"

Als ich ihn in meine Gemeinde einlud, grinste er: „Bist du sicher, dass du das willst? Am Ende gibt's dann bei euch auch Stress!"

„Ich glaube nicht an so was", sagte ich. Michael tauchte ein paar Wochen später tatsächlich bei uns auf, aber dann habe ich ihn nicht mehr gesehen. Ist er immer noch da draußen und versucht, allein auf dem großen Meer zu navigieren, oder hat er sich einer Gemeinde angeschlossen? Vermutlich werde ich es nie erfahren.

Traurigerweise gibt es viel zu viele Michaels – desillusioniert, misstrauisch, uninteressiert. „Die meisten jungen Christen wissen, woran sie glauben", erzählte mir ein Mädchen namens Holly, „und solange das der Fall ist, meinen sie, dass sie eine Gemeinde und das ganze Drumherum nicht unbedingt brauchen. Sie halten die Gemeindezugehörigkeit eher für eine Formalität, die nicht unbedingt nötig ist."

Ist es wirklich nur eine Formalität, zu einer Gemeinde zu gehören? Als ein Pastor eine Gottesdienstbesucherin fragte, zu welcher Gemeinde sie denn gehöre, sagte sie: „Zum weltweiten Leib Christi."

........................................................

*Im Grunde hat sie zwar Recht. Jeder Christ gehört zur Gemeinde Gottes, und das ist wunderbar. Doch ist es weder weise noch richtig, wenn jemand zwar geistlich mit der weltweiten Kirche verbunden ist, aber keine Bindung an eine Ortsgemeinde hat. Das ist ein bisschen so, als würde ein Mann seiner frisch angetrauten Ehefrau sagen,*

*dass er sie zwar wirklich liebt, aber andere Prioritä-*
*ten hat. Sein Herz gehöre zwar ganz ihr, aber der*
*Rest ... nun ja, der wird nur zu Besuch kommen.*

Die Bibel sieht solch einen ungebundenen Zustand für Gläubige nicht vor. Wenn wir uns mit der Idee der Kirche identifizieren, müssen wir uns auch überlegen, wie wir uns mit einer tatsächlichen Gemeinde identifizieren können.

## Global denken, lokal lieben

Eine Ortsgemeinde ist die sichtbare, fühlbare, echte Verkörperung des Leibes Christi auf Erden. „Natürlich ist jeder Gläubige ein Teil der weltweiten Gemeinde Gottes", schreibt Chuck Colson. „Doch für jeden Christen, der da etwas mitzureden hat, ist es eindeutig Ungehorsam gegen Gottes Willen, wenn er sich keiner Ortsgemeinde anschließt."[1]

Charles Spurgeon sah es auch so. Er kombinierte diese Wahrheit mit Humor, als er solche „unverbundenen" Christen mit einzeln herumliegenden Backsteinen verglich:

„Ich weiß, dass es Leute gibt, die sagen: ‚Ja, ich habe mein Leben dem Herrn übergeben, aber ich möchte mich nicht in die Hände der Kirche begeben.' Doch warum nicht? ‚Weil ich auch für mich allein ein guter Christ sein kann.' Seid ihr da ganz sicher? Ihr lebt konträr zu dem, was Jesus mit euch im Sinn hat, und ihr tragt selbst die Verantwortung für den Schaden, den ihr damit anrichtet."[2]

*Kann man für sich allein ein guter Christ sein, indem man die Gebote des Herrn bewusst nicht befolgt? Wozu ist ein Backstein gemacht? Um ein Teil eines Gebäudes zu werden. Es hat wenig Sinn, wenn dieser Backstein der Meinung ist, er sei allein auf dem Boden herumliegend ein ebenso guter Backstein wie im Verbund mit anderen. Doch er ist dann nur ein völlig nutzloser Backstein. Also, ihr herumliegenden Christen, ich glaube nicht, dass ihr eurer Berufung folgt.*

Nur indem man sich einer Gemeinde anschließt, kann man den „Sinnlos-herumliegender-Backstein-Effekt" vermeiden. Nur in der Gemeinschaft der Gemeinde können wir an Gottes Arbeit rund um die Welt teilhaben.

Brian Habig und Les Newsom geben in ihrem Buch The Enduring Community (etwa: „Die ewige Gemeinschaft") eine hilfreiche Empfehlung: Christen sollten global denken und lokal lieben. Wir sollten uns natürlich mit den Themen identifizieren, die die Welt bewegen. „Doch diese Identifikation kann man nicht überall ausdrücken. Wir können unsere Betroffenheit und unser Mitgefühl demonstrieren, indem wir dort handeln, wo wir sind."[3]

Diese Kombination einer globalen Denkweise mit einem lokalen Fokus finden wir auch immer wieder im Neuen Testament. Die Apostel hatten nicht nur die weltweite Kirche im Sinn – sie waren hauptsächlich damit beschäftigt, individuelle Ortsgemeinden zu gründen und für diese zu sorgen. Die meisten Briefe wurden an spezifische Gemeinden in Städten wie Ephesus, Korinth oder Rom geschrieben. Fast jedes Mal, wenn im Neuen Testament das Wort „Gemeinde" auftaucht, bezieht es sich auf eine bestimmte Gemeinde.

Sie hatten durchaus das große Bild vor Augen – aber sie hatten verstanden, dass man Gottes Masterplan nie losgelöst von dem ganz alltäglichen Dienst an den Menschen sehen kann.

Menschen wie zum Beispiel die eigenen Nachbarn.

## Was die Kirche am besten kann

Es gibt diverse Dinge, in der eine Ortsgemeinde einfach unschlagbar ist. Zum Beispiel darin, deinen nichtgläubigen Freunden und Nachbarn zu demonstrieren, dass das Leben, das Jesus durch seinen Tod am Kreuz möglich gemacht hat, die Grundlage für eine ganz neue Art der Gemeinschaft bildet. Indem sie das Evangelium auslebt, erfüllt die Ortsgemeinde die wichtige Mission, die verändernde Kraft Gottes sichtbar zu machen. Andere könnten dieses große Bild nicht sehen, wenn wir ohne Verbindung miteinander vor uns hin lebten und jeder seiner eigenen Wege ginge.

Meine Frau Shannon hat durch ihren Gitarrenlehrer zum ersten Mal etwas über Jesus gehört. Dann nahm er sie mit in seine Gemeinde und sie erlebte das Evangelium in Aktion. Hunderte von Menschen waren da, die diesem Jesus Christus vertrauten, ihn anbeteten und mit ihm und für ihn lebten. Sie begann in der Bibel zu lesen und sah sie gleichzeitig im wahren Leben von wahren Menschen gelebt vor sich. In der Gemeinde begegnete sie Menschen, die sich umeinander kümmerten, sich gegenseitig vergaben und einander dienten. Das war irgendwie anders als alles, was sie in ihrem Leben bisher kennengelernt hatte. Gott nutzte die kombinierten Lebenszeugnisse dieser Gemeinde, um Shannons persönlichen Glauben weiterzubringen.

Wenn Jesus neues Leben gebracht hat, wie er sagt, sollten wir anders leben als Nichtgläubige. Siehst du das auch so? Natürlich sind wir darin oft beklagenswert schlecht. Trotzdem sollten wir alles uns Mögliche tun, um unser Licht in der dunklen Welt scheinen zu lassen, sodass alle es sehen können. Es ist Aufgabe der Ortsgemeinde, der Welt zu demonstrieren, was es bedeutet, Jesus nachzufolgen. Darum sollen die Gemeinden auch die einzigartigen Praktiken und Übungen aufrechterhalten, die Jesus uns gegeben hat.

Denke an die verschiedenen Handlungen, an denen eine Gemeinde sich selbst messen sollte:

* Die *Taufe* ist das sichtbare Zeichen dafür, dass Menschen sich von Jesus haben retten lassen, dass ihre Sünden vergeben wurden und sie sich der Familie Gottes haben zuführen lassen (siehe Matthäus 28,19 und Römer 6,4).

* Das *Abendmahl* ist das sichtbare Zeichen der Einheit derer, die in Gemeinschaft mit Jesus leben und sich an seinen Tod am Kreuz erinnern, bis er wiederkommt (siehe Matthäus 2,26–29 und 1. Korinther 11,23–25).

* *Gemeindezucht* ist ein altmodischer Begriff dafür, dass eine Person, die wiederholt und langfristig gegen die neutestamentlichen Lehren verstößt,

aus der Gemeinde ausgeschlossen wird. Dies geschieht, damit keine Verwirrung darüber entsteht, wie das Leben als Christ aussehen sollte. Dahinter steht immer die Hoffnung, dass die betroffene Person irgendwann Buße tut und umkehrt (siehe Matthäus 18 und 1. Korinther 5,1– 9).

Man sieht auf den ersten Blick, dass eine christliche Gemeinde etwas anderes ist als ein Schülerbibelkreis oder ein Gebetstreff. Solche Gruppen können viele Aspekte der christlichen Gemeinschaft beinhalten, aber sie sind keine Gemeinde. Eine Gemeinde ist auch viel mehr als eine Gruppe von Christen, die sich zur gegenseitigen Ermutigung zusammenfinden. Sie ist mehr als die Übertragung eines Fernsehgottesdienstes oder ein Telefongespräch mit einem anderen Christen.

Ja, man kann in einem solchen Kontext durchaus geistliche Nahrung und auch Lösungen für Probleme bekommen. Doch nichts davon ist ein Ersatz für eine Ortsgemeinde, die alle Qualitäten einer Gott ehrenden Gemeinschaft aufweist. Nichts davon kann einen christlichen Einzelkämpfer mit der Leitung eines guten Pastors oder der Zuwendung und Unterstützung einer vielfältigen, einander hingegebenen Gemeindefamilie versorgen.

Viele Aspekte unseres Glaubens profitieren von der Einbindung anderer Menschen. Lass uns einen Blick auf zwei weitere Bereiche werfen. Das lebenslange Streben danach, Jesus ähnlicher zu werden, ist der erste. Was wir in diesem Bereich auf uns allein gestellt erreichen können, ist zwar bedeutungsvoll und wichtig, aber kein Vergleich mit dem, was mit der Unterstützung einer Ortsgemeinde geschehen kann und wird.

## Heiligung ist ein Gemeinschaftsprojekt

Je länger ich Christ bin, desto klarer wird mir, dass ich es allein nicht schaffe. Meine individuelle und direkte Beziehung zu Gott ist ein Riesenprivileg, und er ist wirklich alles, was ich brauche – und doch hat Gott uns in seiner Weisheit alle so geschaffen, dass wir auch andere Menschen brauchen. Das ist kein Widerspruch, denn Gott hat es so eingerichtet, dass seine Gnade auch und in starkem Maß durch andere zu uns fließt. Heiligung ist ein Gemeinschaftsprojekt.

In fünf Versen in Hebräer 10 sehen wir diesen doppelten Pfad für Christen klar beschrieben. In den Versen 19–23 werden wir ermutigt, uns Gott zu nähern und eine persönliche, enge Beziehung zu ihm aufzubauen. Wir werden aufgefordert, ohne Angst die heiligen Orte aufzusuchen, stark im Glauben zu sein und uns an die Zusage zu halten, dass Gott uns treu zur Seite steht.

Was brauchen wir mehr?

Anscheinend brauchen wir tatsächlich mehr. Und in den Versen 24 und 25 wird uns auch gesagt, was.

„Und wir wollen aufeinander Acht geben und uns gegenseitig zur Liebe und zu guten Taten anspornen. Einige haben sich angewöhnt, den Gemeindeversammlungen fernzubleiben. Das ist nicht gut; vielmehr sollt ihr einander Mut machen. Und das umso mehr, als ihr doch merken müsst, dass der Tag näher rückt, an dem der Herr kommt!"

Du siehst, wir brauchen wirklich die Hilfe anderer Menschen – besonders der Pastoren, unserer geistlichen Leiter –, um geistlich zu wachsen, Irrwege zu erkennen und Gottes Wort in unserem täglichen Leben anzuwenden.

Neulich haben meine Frau und ich uns gestritten und wir sind dabei beide ziemlich ausfallend geworden. Wir machten mehrere Ansätze, unsere Differenzen beizulegen, aber irgendwie verstärkte das unser Problem nur. Ich war wirklich ratlos; ich wollte den Konflikt lösen, hatte aber keine Ahnung, wie.

Am nächsten Morgen nahm ich mir eine Stunde Zeit, um in der Bibel zu lesen und zu beten. Ich schrieb meine Gedanken in mein Tagebuch, aber auch das schien nichts zu bringen. Noch immer konnte ich keinen Lösungsweg sehen. Also rief ich meinen Pastor an, erklärte ihm die Situation und schilderte ihm meine Verwirrung. „Weißt du was, Carolyn und ich kommen heute Abend zu euch", sagte C. J. prompt. „Es kann unmöglich einen Streitpunkt zwischen Shannon und dir geben, den wir in unserer Ehe nicht auch schon mal hatten."

Als unsere Kinder im Bett waren, kamen C. J. und Carolyn zu uns. Wir beteten zusammen, und dann hörten sie geduldig zu, während wir unseren Streit rekonstruierten. Obwohl wir recht ruhig und vernünftig redeten, schoben wir uns immer noch gegenseitig die Schuld zu – wie C. J. lächelnd sagte, waren wir extrem gut darin, die Sünden des jeweils anderen zu bekennen. Schließlich unterbrachen die beiden uns sanft und machten uns darauf aufmerksam, dass wir offensichtlich beide einiges an Bitterkeit im Herzen trugen. Das brachte uns dazu, erst einmal in uns zu gehen, diese Bitterkeit vor Gott zu bringen und sie von ihm auflösen zu lassen, bevor wir uns wieder mit unserem Streitthema befassten.

Dieser Abend ist mir eine bleibende Erinnerung daran, wie sehr wir einen „Hirten" brauchen, der über unsere Seelen wacht (Hebräer 13,17). Ich habe Bücher über Beziehungen geschrieben und bin selbst Pastor – aber in Bezug auf meine eigenen Probleme bin ich oft total blind. Und du vermutlich auch. Wir brauchen andere Menschen, um unsere toten Winkel auszuleuchten und uns auf die Art weiterzuentwickeln, die Gott für uns im Sinn hat.

## Lebendige Steine seines Tempels

Ein weiterer Teil des Lebens als Christ, der in der Gemeinschaft weitaus besser gedeiht, ist der Lobpreis. Natürlich können wir Gott auch allein anbeten – jederzeit, überall und auch in der totalen Zurückgezogenheit. Doch wenn wir gemeinsam mit anderen Christen anbeten, geschieht etwas Einmaliges und Unersetzliches.

Das Neue Testament geht auf diese doppelte Wahrheit ein, indem es sowohl die Gläubigen selbst als auch die Gemeinde als „Tempel des Heiligen Geistes" bezeichnet. In 1. Korinther 6,19 lesen wir, dass wir dieser Tempel sind. Und in demselben Brief schreibt Paulus von der Gemeinde als einem Teil des Bauwerks Gottes (3,9). Wenn wir zusammenkommen, um gemeinsam Gott anzubeten, dann reagieren wir auf mehrere Arten auf Gott, der sich uns dabei zeigt.

Donald Whitney erklärt das so: „Im Lobpreis der Gemeinde manifestiert Gott seine Gegenwart auf Arten, die man auch im besten persönlichen Lobpreis nie erleben wird. Das liegt daran, dass wir nicht nur als Individuen den Tempel Gottes bilden, sondern laut Bibel auch kollektiv. Gott zeigt sich den lebendigen Steinen seines Tempels anders, wenn sie versammelt sind, als er es dem Einzelnen gegenüber tut (siehe auch Epheser 2,19–22, 1 Petrus 2,5a)."[4]

Aus diesem Grund ist der gemeinsame Lobpreis etwas ganz Besonderes und auch nicht durch die intensivste persönliche Andacht, eine meditative Wanderung oder die Live-Übertragung eines Fernsehgottesdienstes zu ersetzen. Wenn die Gemeinde zusammenkommt, um Gott anzubeten und auf sein Wort zu hören, bekommen wir Nahrung und Ermutigung, die so nicht anders zu erhalten sind. Unser gemeinsamer Lobpreis stärkt uns und baut uns auf und verherrlicht Gott auf eine Weise, wie es sonst nie möglich ist.

·····················································

*Die Dinge, die wir als Christen gemeinsam tun, sind keine netten Beigaben, die man mitnehmen kann oder eben nicht, je nachdem, ob es der eigene Zeitplan zulässt. Wenn wir zusammen anbeten, Gott nacheifern und seinem Wort entsprechend leben, drücken wir damit einen essenziellen Teil dessen aus, was es heißt, ihm nachzufolgen.*

Wenn du nun immer noch zu der Annahme neigst, dass die Zugehörigkeit zu einer Ortsgemeinde für andere Christen gut und schön sein mag, aber nicht für dich ... dann kommt hier extra für dich eine provokative Aussage ...

# Die wahre Bedeutung der Mitgliedschaft

Mein Freund Mark Dever hat sich eine Menge Gedanken über die Kirche gemacht. Er ist Pastor der Capitol Hill-Baptistengemeinde in Washington DC und hat das Buch *9 Marks of a Healthy Church* („Die 9 Merkmale einer gesunden Gemeinde") verfasst. Er weiß außerdem sehr gut, wie man Aufmerksamkeit erregt. Mark hat mir erzählt, dass er seine Vorträge zum Thema Gemeinde oft mit einem provokanten Satz beginnt. Er sagt:

„Wenn Sie kein Mitglied der Gemeinde sind, die Sie regelmäßig besuchen, dann könnte es sein, dass Sie auf dem Weg zur Hölle sind!" Das bringt für gewöhnlich erst einmal alle zum Schweigen.

Dann fährt Mark fort: „Ich will damit auf keinen Fall sagen, dass Sie eine Mitgliedschaft in einer Gemeinde brauchen, um in den Himmel zu kommen. Ich glaube an die Rechtfertigung durch Glauben allein, an Jesus allein, durch Gottes Gnade allein! Doch gleichzeitig sagt das Neue Testament, dass die Gemeinde dazu da ist, unser Christsein zu überprüfen und zu ordnen. Dieser Mann in 1. Korinther 5, der mit der Frau seines Vaters schlief, hielt sich nämlich für einen guten Christen."

Mark will darauf hinaus, dass viele Menschen behaupten, Christen zu sein, aber kein wirklich erneuertes Leben führen. Sie verstehen das Evangelium nicht und sind auch nicht dadurch verändert worden. Ein Student aus London erzählte mir traurig von seinem Chorleiter, der eine offene Affäre mit der Solistin hatte. Ein Pastor war verunsichert, wie er mit einem Mitglied des Lobpreisteams umgehen sollte, der einen pornografischen Buchladen betrieb. Das sind Beispiele für

Menschen, die offensichtlich das Evangelium noch einmal neu erklärt bekommen müssen. Ihnen muss deutlich gemacht werden, dass sie nicht durch den Glauben gerettet werden und gleichzeitig weiter in der Dunkelheit leben können (1. Johannes 1,5–10).

Wenn wir das Angebot Jesu angenommen haben, sollte das auch unser Leben verändern.

Die Sicherheit, wirklich gerettet zu sein, besteht nicht in einer emotionalen Erfahrung oder einem Gebet, das wir irgendwann mal gesprochen haben. „Es ist mir egal, wie oft Sie während einer Predigt oder einer Lobpreiszeit zu Tränen gerührt sind", sagt Mark Dever trocken. „Wenn Sie nicht ein Leben führen, das von Liebe zu anderen Menschen geprägt ist, findet sich in der Bibel kein Hinweis darauf, dass Sie ein Christ sind. Keiner!"

In 1. Petrus 2 wird uns gesagt, dass wir unserer Berufung und Erwählung folgen sollen. Wie man das macht? Einer der praktischen Wege, dies zu tun, ist die Mitgliedschaft in einer Ortsgemeinde einzugehen. Es ist nun mal eine Tatsache, dass wir Menschen sind, in deren Leben das Evangelium und seine Auswirkungen ständig überprüft werden müssen. Darum brauchen wir beständige und tief gehende geistliche „Fütterung" durch einen begabten Pastor. Wir brauchen den Schutz und die Reibung anderer Christen, die bereit sind, uns unbequeme Fragen zu bestimmten Verhaltensweisen zu stellen. Und wir brauchen andere Christen, an denen wir Liebe üben können. Der erste Johannesbrief wurde geschrieben, um Menschen dabei zu helfen, in ihrem Leben die Auswirkungen ihrer Rettung zu überprüfen. Kennst du das Hauptzeichen für ein verwandeltes

Leben durch Jesus? Echte Liebe zu anderen Menschen (siehe 1. Johannes 2,9–10).

„Wollen Sie wissen, ob Ihr neues Leben echt ist?", fragt Mark Dever. „Dann schließen Sie sich einer örtlichen Gemeinschaft von geretteten Sündern an. Versuchen Sie, sie zu lieben. Tun Sie das nicht nur drei Wochen lang, auch nicht nur sechs Monate. Tun Sie es über Jahre. Dann finden Sie – und andere übrigens auch – heraus, ob Sie Gott lieben oder nicht. Die Wahrheit zeigt sich selbst."

Die Ortsgemeinde ist der Platz, an dem unser neues Leben als Christ ausgelebt und bewiesen wird. „Einer Gemeinde beizutreten rettet Sie nicht", betont Dever. „Das tut nur der Tod und die Auferstehung Jesu Christi. Er allein ist unsere Rechtfertigung. Doch wenn er das wirklich ist und wenn wir ihn, den wir nie gesehen haben, wirklich lieben, dann wird sich das daran zeigen, ob wir die lieben, die wir sehen können."

## Was uns zurückhält

Wie würde es aussehen, wenn wir die Menschen lieben würden, mit denen wir es in der Familie Gottes zu tun haben? Was würde es bedeuten, wirklich mit Haut und Haaren, Kopf und Herz zu einer Gemeinde zu gehören? Das wollen wir im nächsten Kapitel untersuchen.

Doch was, wenn du noch zögerst, diesen Schritt zu tun? Vielleicht beginnst du gerade zu sehen, dass Gott Großes mit den Ortsgemeinden vorhat, aber du bist immer noch mit all den Dingen beschäftigt, die in den Gemeinden, die du bisher besucht hast, verkehrt liefen.

Ich will gar nicht leugnen, dass es jede Menge ernstzunehmender Probleme gibt. Die traurige Wahrheit ist, dass es Gemeinden und Gemeindeleiter gibt, die durch ihr Leben und ihre Lehre auf krasse Weise das verzerren, was Jesus eigentlich will. Und man muss leider nur eine uneffektive, unfreundliche oder phlegmatische Gemeinde besucht haben, um all die schönen Worte über die Braut Christi ziemlich blass aussehen zu lassen.

Doch sind es wirklich diese Erfahrungen, die uns davon abhalten, uns auf eine Ortsgemeinde einzulassen? Ich glaube langsam, dass die Hindernisse für unsere Generation nicht in schlechten Erfahrungen bestehen, sondern in uns selbst begründet sind. Wir haben Einstellungen und Annahmen der Welt um uns her absorbiert, und die haben unsere Erwartungen an die Kirche negativ beeinflusst.

Zum Beispiel:

* ... haben wir eine selbstbezogene Haltung entwickelt. Wir sind auf die Lüge hereingefallen, dass wir umso glücklicher sind, je weniger wir von uns selbst, unseren Ressourcen und unserer Zeit opfern. Doch je mehr wir uns an dies alles klammern und uns stur weigern loszulassen, desto weniger bekommen wir auch zurück.

* ... sind wir stolz auf unsere vermeintliche Unabhängigkeit, und das hält uns davon ab, uns einzubringen. „Ich brauche keine anderen Menschen", denken wir. Oder: „Ich will eigentlich nicht, dass andere mich wirklich kennenlernen, so wie ich bin,

oder mich am Ende sogar durchschauen und Kritik üben können!" Beide Formen von Stolz schneiden uns von den lebenswichtigen Segnungen und Vorteilen der Gemeinschaft ab.

* ... sind wir übertrieben kritisch der Kirche gegenüber. Wir scheinen der Ansicht zu sein, dass wir irgendetwas erreichen, wenn wir uns nur lange genug über die Fehler unserer Ortsgemeinde beklagen. Doch Gott beruft uns dazu, statt einer kritischen Einstellung lieber eine von aufrichtiger Sorge und aktivem Interesse geprägte Haltung zu kultivieren. Das ist dann der Fall, wenn wir ein Problem erkennen und darauf reagieren, indem wir handeln statt zu jammern. Und das wiederum führt zu Veränderungen, die für uns und die Gemeinde positiv sind.

Mein Freund David aus New York hat mir neulich erzählt, dass er jahrelang als reiner „Konsument" zur Kirche gegangen ist und immer nur Vergleiche gezogen und Kritik geübt hat. Irgendwann begriff er dann, dass er stattdessen zum Gottesdienst gehen sollte, um dort Gott zu treffen und seine Liebe anderen Menschen gegenüber zu kultivieren. Gott hat ihn verändert – statt jeden Sonntag mit einer ganzen Liste von Beschwerden aus der Kirche zu kommen, ist er jetzt ein aktiver Teilnehmer. „Das Schöne daran ist", sagt David, „dass ich jetzt viel glücklicher bin als damals."

Nur wenn wir unsere Selbstbezogenheit, unseren Stolz, unsere Unabhängigkeit und die kritische Grundhaltung aufgeben, kann die Schönheit der Gemeinde-Idee in unser Blickfeld rücken. Dann begreifen wir, dass die Gemeindezugehörigkeit keine Last ist, sondern ein Geschenk – und eine Lebensnotwendigkeit! Sie bindet uns nicht an, sondern gibt uns einen Anker in den Stürmen des Lebens. Und selbst ihre Fehler werden zu Gelegenheiten, die uns zu unserem Besten dienen können.

## Die offene Straße

Ich bin neulich über das Buch eines jungen Autoren gestolpert, der darin beschrieb, wie er Gott auf offener Straße gefunden hatte. Er und ein Kumpel hatten ihre Siebensachen gepackt und sich auf der Suche nach Gott auf eine ungewöhnliche Reise gemacht. Sein Pastor zu Hause verstand seine Sehnsucht nach geistlicher Tiefe nicht und so hatte er alles Vertraute hinter sich gelassen und sich ins Abenteuer gestürzt.

Ein wirklich interessantes Buch! Es hat etwas Faszinierendes, auszuziehen und Gott zu suchen. Das klingt geistlich wertvoll und mutig. Aber ich glaube ehrlich gesagt nicht, dass es Gottes generelles Rezept für geistliches Wachstum ist. Und so geistlich wertvoll und mutig, wie es auf den ersten Blick erscheint, ist es auch nicht.

..................................................................

*Wegzugehen ist einfach. Viel schwieriger und mutiger ist es, an Ort und Stelle zu bleiben. Man wächst viel mehr, wenn man seinen Egoismus zur Seite schiebt und andere Menschen wichtiger nimmt als sich selbst. Wenn man zugibt, dass man andere braucht. Wenn man sie bewusst in sein Leben einlädt. Wenn man aufhört, sich über all das zu beschweren, was mit der Kirche nicht stimmt, und stattdessen ein Teil der Lösung wird.*

Es ist so einfach und doch so lebensverändernd. Ein Leben in einer Ortsgemeinde ist ein Abenteuer, das zu mehr Freude und mehr geistlichem Tiefgang führt, als du dir vorstellen kannst. Vielleicht kann man keinen Bestseller daraus machen ... aber es ist die Art von Geschichte, die Gott am liebsten liest!

## Kapitel 4
## Willkommen im Club
### Wie Passion in Aktion aussehen kann

Robert lebt in Gilbert, Arizona. Er mag es, wenn seine Freunde ihn „Big Bob" nennen. Er ist ein lebenslustiger Typ, mag Menschen und kann über sich selbst lachen. Er hat einen guten Job und besucht treu seine Gemeinde. Aber wenn man Robert wirklich aufblühen sehen will, muss man ihn auf seinen Jeep ansprechen. Er spricht über den Wagen, als sei er eine Person: „Er ist mein Baby!", sagt er fast zärtlich. Über zwei Jahre hat er gesucht, bis er genau den richtigen gelben Wrangler gefunden hatte. „Er war makellos. Einfach traumhaft", schwelgt er in der Erinnerung.

„Als ich den Jeep gekauft hatte, musste ich natürlich auch dem Jeep-Club beitreten", erklärt Robert. Dieser Club hatte über 1.500 aktive Mitglieder und bot Treffen, Partys und Rallyes an, außerdem hatte er eine Website, auf der die Mitglieder Tipps und Ideen austauschen konnten. „Es ist eine richtige Jeep-Gemeinschaft", sagt Robert.

Im Club lernte Robert Leute kennen, die ihn in die Feinheiten des Allradfahrens einführten. Je intensiver seine Jeep-Leidenschaft wurde, desto tiefer wurde auch seine Hingabe. „Ich hing total an der Angel", sagt er. „Jede freie Minute war verplant. Entweder war ich bei der Arbeit oder ich plante eine Jeep-Rallye, hing mit meinen Jeep-Kumpels rum, redete über Jeeps oder ging ins Internet, um auf der Jeep-Seite zu surfen."

## Abgehakt

Ich habe Robert auf einer christlichen Konferenz kennengelernt. Er war mit einer Gruppe aus seiner Gemeinde gekommen, um meine Vorträge zu hören. Am letzten Abend sprach ich über die Wichtigkeit der Ortsgemeinde. Zum Einstieg fragte ich: „Seid ihr mit der Gemeinde verheiratet oder flirtet ihr nur mit ihr?"

Die Frage machte Robert nervös. „Gott fing an, zu mir zu reden", erinnert er sich. „Er fragte mich: ,Robert, mit wem bist du verheiratet?' Und das Einzige, auf das dieser Ausdruck zutraf, war der Jeep-Club. Eigentlich war es ganz offensichtlich, aber mir war es nie aufgefallen. Ich war mit dem Jeep-Club verheiratet und mit der Gemeinde flirtete ich!"

In meinem Vortrag zitierte ich John Stott, der sagte:

••••••••••••••••••••••••••••••••••••••••••••••••••••••••••

*„Wenn die Gemeinde für Gottes Plan so wichtig ist, wie die Evangelien und die Geschichte es uns glauben machen, dann muss sie ganz sicher auch in unserem Leben so wichtig sein. Wie können wir etwas*

*nicht ernst nehmen, was Gott so ernst nimmt? Wie*
*können wir es wagen, etwas an die Peripherie un-*
*seres Lebens zu drängen, was Gott ins Zentrum ge-*
*stellt hat?"[1]*

Robert ließ die vergangenen zwei Jahre noch einmal Revue passieren, und er begriff, dass er die Gemeinde total an den Rand seines Lebens gedrängt hatte. Er hatte so viel in den Jeep-Club investiert und so wenig in seine Ortsgemeinde! Wenn an einem Sonntag eine Rallye anstand, ging er zwar zum Gottesdienst, guckte aber ständig auf die Uhr und eilte hinaus, kaum dass die Predigt zu Ende war.

Und dann war da dieser Samstag, an dem man ihn gebeten hatte, beim Putzen der Kirche zu helfen, da eine besondere Konferenz stattfinden sollte. „Ich habe rundweg abgelehnt", erinnert sich Robert. „Ich habe nicht mal einen einzigen Gedanken daran verschwendet – ich hatte nämlich den Jungs im Club versprochen, bei der Vorbereitung eines Treffens zu helfen. Die Wahrheit ist, dass ich keinerlei Leidenschaft für die Gemeinde und die Menschen darin hatte. Für die Leute vom Club hätte ich jederzeit alles getan. Doch wenn man mich einmal bat, etwas Zeit für die Gemeinde zu investierten, machte ich sofort einen Rückzieher."

## Was ist dein Club?

Wie sieht Leidenschaft für die Gemeinde in einem Menschenleben aus? Das ist nicht schwer herauszufinden. Wir kennen die Antwort bereits, weil wir nämlich alle so etwas wie Roberts Jeep-Club haben – ein Hobby oder eine Passion, die uns sehr wichtig sind. Vielleicht ist es eine Sportart, dein Job oder eine Fortbildung. Vielleicht ist es ein leidenschaftliches Interesse für die neueste Technologie, deine Gesundheit, eine politische Partei oder eine Beziehung.

Manchmal sind alle Merkmale einer leidenschaftlichen Hingabe vorhanden, aber wir haben es noch nicht gemerkt.

Ich erinnere mich noch gut daran, wie ich einmal neben einem Mann im Flugzeug saß, der ganz vertieft in eine Zeitschrift über Modelleisenbahnen war. Ich konnte gar nicht fassen, dass ihn die ellenlangen Artikel über die Vor- und Nachteile der neuesten Schienensysteme so fesselte. Hast du kein richtiges Leben, Kumpel?, dachte ich.

Dann dämmerte mir etwas. Ich hatte nicht nur ein, sondern gleich zwei Magazine über Apple-Computer abonniert. Ich habe schon Stunden, ach, Tage damit verbracht, Artikel und Testberichte über iPods, MacIntosh-Laptops und die neueste Software zu studieren. Vielleicht hatte ich ja auch kein richtiges Leben?

Nimm dir eine Minute, um deinen „Club" zu identifizieren. Wenn du einen hast, dann kannst du daran erkennen, wie Leidenschaft in deinem Leben aussieht. Deine Passion ist das, worüber du redest, woran du denkst und wovon du träumst. Das, wofür du klaglos deine Zeit opferst. Das, was dir deine Identität gibt. Das, wofür du Opfer zu bringen bereit bist.

# Das Profil der Hingabe

Es ist nicht überraschend, dass uns das Neue Testament klare und hilfreiche Beschreibungen davon liefert, wie ein leidenschaftliches Engagement in einer Ortsgemeinde aussehen sollte. Lass uns näher betrachten, was wir tun müssen, um Hingabe an Jesus zu unserem Persönlichkeitsprofil zu machen.

## 1. Mach Nägel mit Köpfen

Es geht uns allen so wie Robert mit seinem Jeep-Club: Wenn wir von etwas begeistert sind, wollen wir dazugehören. Deshalb ist es auch nicht genug, einfach sonntags einen Gottesdienst zu besuchen oder sich das Beste aus verschiedenen Gemeindeveranstaltungen der Gegend herauszupicken. Du musst dich offiziell einer Gemeinde anschließen und Mitglied werden, sodass der Pastor und die anderen Mitglieder wissen, dass du zum Team gehörst.

Hebräer 13,17 legt Christen nahe, ihren Leitern zu gehorchen, um so die geistlichen Vorteile zu genießen, die es mit sich bringt, wenn ein Hirte über unsere Seele wacht. Doch wenn man nicht fest zu einer Gemeinde gehört, geht das schlecht. Die Mitgliedschaft in einer Gemeinde bringt dir besondere Verantwortlichkeit, Fürsorge, Ermutigung und Führung.

Wenn du dich für eine Gemeinde entschieden hast, schlage dort Wurzeln. Oft behalten neue Mitglieder eine vorsichtige Einstellung bei: „Ich bin hier ... jedenfalls zunächst mal ... aber ich halte mich noch zurück

... denke ich ..." Doch so erlebt man Gemeinde nicht wirklich voll und ganz. Viel besser für dich und die Gemeinde ist die Haltung: „Ich bin hier, voll und ganz, und ich vertraue Gott meine Zukunft an."

Der Missionar Jim Elliott, der in Ausübung seiner Berufung ermordet wurde, sagte einmal: „Wo auch immer du bist, sei ganz da. Lebe jede Situation, die du für Gottes Willen hältst, voll und ganz." Übertrage diese innere Haltung in Bezug auf deine Gemeinde. Sei von ganzem Herzen da!

## 2. Mach die Gemeinde zu deiner Priorität

Wir bauen unser Leben um unsere Prioritäten herum. Dein Leben um die Gemeinde herumzubauen bedeutet, es zu der Art von Priorität zu machen, um die die anderen Bedürfnisse, Sorgen und Pflichten *herum*fließen, nicht darüber. Unglücklicherweise sind für manche Leute Dinge wie Auswärtsspiele am Sonntag, die Jagdsaison, Skiausflüge oder Ausschlafen Termine, die schlichtweg über ihr Engagement in der Gemeinde hinwegrollen.

Es scheint leicht zu sein zu entscheiden, dass die Gemeinde Priorität vor dem Fußball hat. Doch was ist mit deinem Job oder deinem Wohnort? Ist es wichtiger, den idealen Job oder das tollste Haus in der besten Gegend zu haben – oder eine wirkliche geistliche Heimat? Menschen ziehen ständig um, weil sie woanders besser bezahlt werden oder ein angenehmeres Klima vorfinden; die Frage nach der Gemeinde kommt ihnen dabei meist nicht einmal in den Sinn. Sie gehen davon aus, dass sie auch woanders eine gute Gemeinde finden werden. Aber das ist nicht immer so einfach.

Wenn Gott dich mit engen Beziehungen, Verantwortlichkeit und einer wirklichen Gemeinschaft gesegnet hat, dann solltest du vor einer so wichtigen Veränderung wie einem Umzug gründlich nach Gottes Willen fragen!

Dasselbe gilt auch für die Wahl eines Ausbildungsplatzes oder des Studienortes. Beziehe die Wichtigkeit einer geistlichen Heimat in deine Entscheidungsfindung ein. Ich weiß, dass dir diese Idee vielleicht ganz neu ist, aber wenn du im Hinblick auf die Ewigkeit lebst und dir geistliches Wachstum wichtig ist, sollte dann die Gemeinde nicht ganz oben auf der Prioritätenliste stehen?

Ich will damit nicht sagen, dass es falsch ist, zum Studieren wegzuziehen. Aber viel zu viele Menschen ziehen ohne auch nur einen einzigen Gedanken an die geistliche Seite dieses Schrittes um. Ich kenne einige Studenten aus meiner Gemeinde, die sich ihren Studienort sorgfältig im Hinblick darauf ausgesucht haben, ob eine gute, gesunde Gemeinde in der Nähe ist. Andere haben sich dazu entschieden, eine Universität hier in der Gegend zu besuchen und in unserer Gemeinde zu bleiben. Beides können gute Möglichkeiten sein.

Ricky, der in El Paso lebt, hatte mit dieser Frage zu kämpfen. Der Entschluss, eine Uni in der Nähe zu wählen, damit er in seiner Heimatgemeinde bleiben konnte, war ihm nicht leicht gefallen. „Ich bekam jeden Tag Bewerbungsunterlagen von den tollsten Unis im ganzen Land, sogar aus Harvard", sagt er. „Aber irgendwie hatte ich das Gefühl, dass meine Entscheidung weitreichende Folgen für mein ganzes Leben haben würde: Stand bei mir meine Karriere oder meine geistliche Familie an erster Stelle? Wenn man bedenkt, dass wir alle nur für kurze Zeit hier auf der Erde sind, dann möchte man ja mit seinem Leben etwas aufbauen, das bleibenden Wert hat. Für mich stand daher die Wahl der Uni hinter der Entscheidung für meine Gemeinde."

## 3. Erleichtere deinem Pastor seinen Job

Wenn wir Gottes Willen folgen wollen, gehört es dazu, dass wir unseren Pastor unterstützen. Wir bitten Gott oft um gute Leiter, doch wir sollten ihn auch darum bitten, dass wir uns leiten lassen. Wusstest du, dass Gott möchte, dass wir unsere eigenen Interessen zurückstellen, um die Art von Nachfolgern zu sein, die man gern anleitet? In Hebräer 13,17 heißt es: „Gehorcht euren Gemeindeleitern und folgt ihren Anweisungen. Ihre Aufgabe ist es, über euch zu wachen, und sie werden über ihren Dienst Rechenschaft geben müssen. Das sollen sie mit Freude tun können anstatt mit Seufzen und Stöhnen; denn das würde für euch böse Folgen haben."

Diese Passage erinnert uns daran, dass jeder Pastor eines Tages Rechenschaft darüber ablegen wird, wie er für die Menschen in seiner Gemeinde gesorgt hat. Keiner wird mit hartem Despotismus oder falschen Lehren davonkommen, die die Menschen verwirren. Aber die Stelle ruft uns auch dazu auf, die Leiter für voll zu nehmen, die versuchen, unser geistliches Wachstum zu fördern. Tatsächlich werden wir sogar dazu aufgefordert,

Gemeindemitglieder zu sein, die den Job des Pastors nicht nur erträglich, sondern angenehm machen.

Wie das geht? Zuerst müssen wir Gottes Wort annehmen, ihm gehorchen und es lieben. Nichts macht einen Pastor glücklicher, als zu sehen, wie ein Mitglied seiner Gemeinde im Glauben weiterkommt.

Dann solltest du dich daran machen, deinen Pastor zu unterstützen und zu beschützen, indem du für ihn betest und dich weigerst, an Geschwätz über ihn teilzunehmen.

........................................................

*Leiterschaft ist nicht einfach. Es ist definitiv viel einfacher, jemanden zu kritisieren, der diesen Job macht, als ihn selbst zu tun! Also meckere nicht über deinen Pastor, sondern bete für ihn, und finde Möglichkeiten, ihn zu ermutigen. Wenn andere über ihn lästern oder hetzen, mach nicht mit, und ermahne die anderen, dies zu unterlassen.*

Wenn du deinem Pastor seine Aufgaben erleichterst, wirst du selbst geistlich am meisten davon profitieren.

## 4. Finde Möglichkeiten zu dienen

Dienen bedeutet, sich (seine Zeit, Energie und Begabungen) in etwas zu investieren, das außerhalb von dir selbst liegt. Dazu 1. Petrus 4,10: „Dient einander mit den Fähigkeiten, die Gott euch geschenkt hat – jeder und jede mit der eigenen, besonderen Gabe! Dann seid ihr gute Verwalter der vielfältigen Gnade Gottes."

Dienen ist der schnellste Weg, um ein Gefühl der Zugehörigkeit zu seiner Gemeinde zu entwickeln. Außerdem ist es der beste Weg, um Beziehungen aufzubauen. Die Mitgliedschaft in einer Gemeinde kann nicht nur im Zuschauen bestehen. Kein Körperteil ist nur dazu da, um die anderen zu beobachten und zu überwachen – jeder hat eine Aufgabe. „Von ihm her wird der ganze Leib zu einer Einheit zusammengefügt und durch verbindende Glieder zusammengehalten und versorgt. Jeder einzelne Teil erfüllt seine Aufgabe, und so wächst der ganze Leib und baut sich durch die Liebe auf" (Epheser 4,16).

Vor kurzem war ich in einer Gemeinde in Georgia, wo ich einen jungen Mann namens Brad kennenlernte. Er arbeitete im Videoteam der Gemeinde mit und hatte außerdem ein Softwareprogramm entwickelt, das seine Gemeinde bei der Videoproduktion verwendete. Mehrmals im Monat nahm er sich außerdem Zeit, andere in die Geheimnisse der Technik einzuführen. Er investierte Zeit, Energie und Geld in die Ziele seiner Gemeinde. Im Lauf unserer Unterhaltung erfuhr ich, dass er außerdem eine erfolgreiche Technologie-Firma besaß. „Ich liebe das, was ich im Job tue", sagte er. „Aber hier in der Gemeinde zu dienen, das ist meine Passion!"

Brad verkörpert genau die Haltung, die Gott meiner Meinung nach bei jedem Christen sehen möchte. Wir können in tausend Bereichen tätig sein und tausend Interessen haben, doch ganz egal, was wir beruflich machen – ob wir Buchhalter, Politiker oder Handwerker sind –, wir sind dazu berufen, unsere ganze Person in unsere Gemeindefamilie einzubringen. Statt gelegentlich mal ein bisschen übrig gebliebene Zeit in der

Gemeinde zu verbringen, sollte es unser oberstes und erstes Anliegen sein, all unsere Leidenschaft und all unsere Fähigkeiten zu Gottes Ehre einzusetzen.

Ich habe das Gefühl, dass wir in die falsche Richtung gehen, wenn wir unsere Begabungen als etwas ansehen, womit wir geboren wurden, oder als Fähigkeiten, die wir erworben haben (und daher besitzen). Die Wahrheit ist, dass all unsere Begabungen und Erfahrungen aus der guten Hand Gottes kommen. „Wer gibt dir denn das Recht, dir etwas einzubilden? Kommt nicht alles, was du hast, von Gott? Wie kannst du dann damit angeben, als hättest du es von dir selbst?", schreibt Paulus (1. Korinther 4,7).

Ein leidenschaftlicher Jünger fragt: „Was kann ich tun, um Gott und anderen Menschen mit dem zu dienen, was er mir so großzügig gegeben hat?"

Paulus schreibt in Römer 12,4–6, dass in einer Gemeinde alle Gaben der Gemeinschaft gehören:

........................................................................

*Denkt an den menschlichen Leib: Er bildet ein lebendiges Ganzes und hat doch viele Teile, und jeder Teil hat seine besondere Funktion. So ist es auch mit uns: Als Menschen, die zu Christus gehören, bilden wir alle ein unteilbares Ganzes; aber als Einzelne stehen wir zueinander wie Teile mit ihrer besonderen Funktion. Wir haben ganz verschiedene Gaben, so wie Gott sie uns in seiner Gnade zugeteilt hat.*

Wir sollen und müssen also unsere Begabungen in die Gemeinde einbringen. Dabei sollten wir nicht warten, bis wir irgendwie dazu aufgefordert werden, sondern gemeinsam mit unseren Leitern überlegen, in welchem Bereich wir sie am besten einsetzen können, um dem ganzen „Körper" zu dienen.

## 5. Gib

Geld ist eine greifbare „Frucht" dessen, was wir investiert haben – Zeit, Fähigkeiten und andere persönliche Ressourcen. Deshalb ist es für einen Christen eine besonders bedeutungsvolle Form des Lobpreises, Gott etwas von diesem „Lohn" zurückzugeben. Wenn wir der Gemeinde Geld zur Verfügung stellen, erkennen wir an, dass alles, was wir haben, ihm gehört und dass wir ihm vertrauen.

Gott forderte die Israeliten heraus: „,Bringt den zehnten Teil eurer Erträge unverkürzt zu meinem Tempel, damit meine Priester nicht Hunger leiden. Habt keine Sorge, dass ihr dann selber in Not kommt! Stellt mich auf die Probe', sagt der Herr, der Herrscher der Welt, ,macht den Versuch, ob ich dann nicht die Fenster des Himmels öffne und euch mit Segen überschütte!'" (Maleachi 3,10)

Es gibt überall auf der Welt viele wichtige und wunderbare Dienste und Hilfswerke. Doch weil die Gemeinde der Ort ist, an dem du geistliche Nahrung bekommst, sollte sie auch die erste Adresse für finanzielle Investitionen sein. Wenn du bisher noch nicht den Schritt getan hast, Gott auch im Hinblick auf deine Geldmittel zu gehorchen, dann möchte ich dich einladen, gleich heute dieses Abenteuer zu beginnen. Gott wird dir ganz neue Horizonte aufschließen, wenn du ihm auch in diesem Bereich Vertrauen schenkst. In Matthäus 6,19–20 verspricht uns Jesus, dass alles, was wir ihm geben, in einen Schatz im Himmel umgewandelt wird, der nie vergeht!

Wenn du dich weiterführend mit diesem Thema auseinandersetzen willst, empfehle ich dir das Buch *Wer gibt, gewinnt* von meinem Freund Randy Alcorn (Hänssler, 2004).

## 6. Pflege Gemeinschaft

Leidenschaft für die Gemeinde bedeutet auch, das Leben zusammen mit anderen Christen zu leben, indem man Beziehungen aufbaut, die über Begegnungen im Gemeindegebäude und praktische Zusammenarbeit hinausgehen.

Das neutestamentliche Wort für diese Erfahrung lautet „Gemeinschaft". Wir sind so vertraut mit diesem Wort, dass es seine Bedeutung und seine Kraft für uns verloren hat. Gemeinschaft, das sind nicht einfach zwei oder mehr Leute in einem Raum.

...........................................................

*„Gemeinschaft ist eine einzigartige christliche Beziehungserfahrung", schreibt mein Freund und Kollege John Loftness. „Gemeinschaft heißt, dass man zusammen am Leben und der Wahrheit teilnimmt, die der Heilige Geist uns eröffnet. Gemeinschaft bedeutet, dass man eine Gemeinsamkeit teilt, die die tiefste nur mögliche Schicht menschlicher Beziehungen betrifft – unsere Erfahrungen mit Gott selbst."[2]*

Gemeinschaft heißt, dass wir zusammengehören. Das Neue Testament steckt voller Anweisungen, wie das in der Praxis aussehen soll. Sind dir schon einmal die vielen Stellen in der Bibel aufgefallen, in denen die Worte „einander", „mit" oder „gegenseitig" verwendet werden? Hier ein paar Beispiele:

* *Ihr sollt einander lieben! Genauso wie ich euch geliebt habe, sollt ihr einander lieben.*
  (Johannes 13,34)

* *Als Menschen, die zu Christus gehören, bilden wir alle ein unteilbares Ganzes; aber als Einzelne stehen wir zueinander wie Teile mit ihrer besonderen Funktion.* (Römer 12,5)

* *Liebt einander von Herzen als Brüder und Schwestern, und ehrt euch gegenseitig in zuvorkommender Weise.* (Römer 12,10)

* *Freut euch mit den Fröhlichen und weint mit den Traurigen.* (Römer 12,15)

* *Missbraucht eure Freiheit nicht als Freibrief zur Befriedigung eurer selbstsüchtigen Wünsche, sondern dient einander in Liebe.* (Galater 5,13)

* *Helft einander, eure Lasten zu tragen.* (Galater 6,2)

* *Seid freundlich und hilfsbereit zueinander und vergebt euch gegenseitig, was ihr einander angetan habt.* (Epheser 4,32)

* *Macht also einander Mut und helft euch gegenseitig weiter, wie ihr es ja schon tut.*
  (1. Thessalonicher 5,11)

* *Nehmt einander gastfreundlich auf.* (1. Petrus 4,9)

* *Überhaupt sollt ihr einander eure Verfehlungen bekennen und füreinander beten, damit ihr geheilt werdet.* (Jakobus 5,16)

Jede dieser „Einander"-Anweisungen zeigt, dass es in der Kirche nicht um Programme oder Strukturen geht, sondern um das gemeinsam gelebte Leben! Deine Gemeinde hat vielleicht eine Kleingruppenarbeit, die dabei hilft, intensive Freundschaften aufzubauen, doch auch wenn das nicht der Fall ist, kannst du selbst dafür sorgen. Fange an, Kontakte zu knüpfen und dich für deine Mitchristen zu interessieren. Lade Leute zu dir nach Hause ein. Finde praktische Möglichkeiten, anderen zu helfen. Warte nicht darauf, dass andere auf dich zukommen. Ergreife die Initiative und lade sie aktiv in dein Leben ein.

Die Gelegenheit, sein Leben mit anderen Christen zu teilen und diese Art der Gemeinschaft zu erleben, ist eine der aufregendsten Vorteile der Mitgliedschaft in einer Gemeinde. Aber auch das erfordert einige Anstrengung, weil es nicht von allein passiert, sondern bewusst angestrebt werden muss.

Wenn du anfängst, Kontakte aufzubauen, beschränke dich nicht nur auf Menschen, die dir ähnlich sind. Die Schönheit der Gemeinde liegt auch in der Gelegenheit, Leuten sehr nahe zu kommen, die einen vollkommen anderen Hintergrund haben als man selbst. Wenn du Single bist, baue Freundschaften zu verheirateten Paaren und Familien auf. Wenn du jung bist, halte nach Gelegenheiten Ausschau, mit älteren Gemeindemitgliedern ins Gespräch zu kommen. Lass dich nicht durch Alter, kulturellen Hintergrund oder andere Faktoren davon abhalten, einen Bruder oder eine Schwester in Christus besser kennenzulernen und bereichert zu werden.

## 7. Teile deine Leidenschaft

Ist dir schon einmal aufgefallen, dass Leute, die von einer Idee oder einem Produkt wirklich begeistert sind, fast schon automatisch anfangen, auch andere Menschen mit ihrer Begeisterung anzustecken? Genauso geht es auch uns, wenn wir vom Evangelium gepackt und verändert werden und begeistert von einer Gemeinde sind. Dann möchten wir, dass auch andere diese Freude erleben. Es sprudelt einfach aus dir heraus; du kannst es nicht für dich behalten.

........................................................

*Leidenschaftliche Zugehörigkeit zu einer Gemeinde sollte nie als Möglichkeit gesehen werden, der bösen Welt zu entfliehen. Im Gegenteil – Gottes Hauptanliegen für die Gemeinde ist es, die Welt zu erreichen!*

Darum ist es auch eine wichtige Eigenschaft der Kirche, ein Herz für die Verlorenen zu haben. Halte nach Möglichkeiten Ausschau, wie du auf kreative, natürliche und enthusiastische Weise Menschen ansprechen kannst, die bisher noch keinen Bezug zu Jesus haben.

## Du hast etwas davon

Erinnerst du dich noch an Robert und seinen Jeep? Nachdem er die Herausforderung angenommen hatte, nicht mehr mit der Kirche zu flirten, sondern ernst zu machen, veränderte er sein Leben. Noch am Tag seiner Rückkehr schrieb er eine E-Mail an den Jeep-Club: „Ich habe darin erklärt, dass ich meine Mitgliedschaft beenden wolle", sagte Robert ganz glücklich. „Ich gab bekannt, dass ich mich vom Jeep-Club trennen und die Gemeinde heiraten würde."

Robert unterhält sich immer noch gern über Jeeps. Aber so richtig in Wallung gerät er jetzt, wenn das Gespräch auf seine Gemeinde kommt. In seiner Stimme liegt tiefe Leidenschaft. „Die Gemeinde ist für mich keine Nebensache mehr", sagt er. „Sie ist meine Lebensader – etwas, was ich wirklich von ganzem Herzen will. Ich freue mich darauf hinzugehen ... so wie früher auf die Jeep-Rallyes. Es macht mich froh, zur Gemeinde zu gehen und mich einzubringen. Und ich bin immer noch glücklich verheiratet mit ihr." Er grinst. „Wir haben gerade unseren ersten Hochzeitstag gefeiert!"

## Kapitel 5
## Wie finde ich meine Gemeinde?
### Die zehn wichtigsten Kriterien

Als Curtis zum ersten Mal unsere Gemeinde von innen sah, war er nicht besonders entzückt. „Als Schwarzer hatte ich mich in unseren eigenen Kirchen immer sicher und wohl gefühlt", erzählte er mir später. „Als ich hereinkam, waren da all diese Weißen mit ihren erhobenen Händen und sangen." Er grinste. „Mann, es waren so viele weiße Hände in der Luft, dass ich schon dachte, es schneit!"

Doch trotz seiner Zweifel blieb Curtis im Gottesdienst und kam sogar am nächsten Sonntag zurück. Er fühlte sich von den Predigten und von dem Glauben angezogen, den er an den Gemeindemitgliedern beobachtete. Und so beschloss er, zu bleiben und ein Teil dieser Gemeinschaft zu werden.

Nicht, dass ihm diese Entscheidung leicht gefallen wäre! „Mir war noch nie der Gedanke gekommen, mich einer Gemeinde anzuschließen, zu der vorrangig Weiße gehören", sagte er. „Wenn man in unserem Land mit seiner rassistischen Vergangenheit schwarz ist, dann ist manchmal außer dem Glauben an Jesus dein Schwarzsein das Einzige, was dir bleibt. Es definiert, wer du bist. Doch Gott hat mir gezeigt, dass ich in erster Linie Christ bin und dann erst ein Schwarzer. Das Evangelium muss definieren, wer ich bin. Und es musste meine Priorität sein, zu einer Gemeinde zu gehören, in der das Evangelium gelehrt und gelebt wird."

## Was ist am wichtigsten?

Wenn du so weit bist, dich für eine Gemeinde zu entscheiden – oder nicht ganz sicher bist, ob die Gemeinde, die du besuchst, auch die ist, die Gott für dich im Sinn hat –, siehst du dich vielleicht vor einer schwierigen Weggabelung. Es steht viel auf dem Spiel. Meist gibt es mehrere Optionen und viele persönliche Vorlieben.

Also, wie entscheiden wir nun?

Die Weisheit, die man braucht, um sich für eine Gemeinde zu entscheiden, ist fast mit der zu vergleichen, die nötig ist, um einen Ehepartner zu wählen. Zum Beispiel ist es ja nicht falsch, wenn eine Frau gern einen blonden Mann mit blauen Augen heiraten will, der gern italienisches Essen mag und Spaß an Campingurlaub hat. Es wäre aber sehr dumm, diese persönlichen Vorlieben wichtiger zu nehmen als die Frage, ob er ein Mann Gottes ist und im Glauben wachsen will. Und genauso ist es nicht verkehrt, sich eine Gemeinde mit vielen Leuten in deinem Alter oder mit einem bestimmten Musikstil zu wünschen – aber das sind sekundäre Kriterien. Curtis' Beispiel kann hier hilfreich sein. Er hat sich seine Gemeinde aufgrund der Kriterien ausgesucht, die Gottes Wort vorgibt – nicht nach seinen persönlichen Vorlieben oder nach dem Wohlfühlfaktor.

Genauso müssen auch wir zwei verschiedene gedankliche Listen führen, wenn es um die Frage nach der richtigen Gemeinde geht. Eine „Muss sein"-Liste und eine „Wäre schön"-Liste.

In diesem Kapitel soll es um die „Muss sein"-Liste gehen.

## Zehn wichtige Fragen

Die folgenden zehn Fragen sollen dir dabei helfen, die Gemeinde, die du in Erwägung ziehst, zu entdecken und kennenzulernen. Dabei ist egal, ob du seit zwei Wochen oder seit zehn Jahren in diese Gemeinde gehst. Natürlich ist diese Liste unvollständig und die Antworten auf manche der Fragen findest du womöglich erst nach einiger Zeit. Trotzdem können sie dabei helfen, die wirklich entscheidenden Dinge in den Mittelpunkt zu rücken.

### 1. Ist dies eine Gemeinde, in der Gottes Wort klar und treu gelehrt wird?

„Die Art von Gemeinde, zu der Sie gehören möchten", schreibt Donald Whitney, „ist eine, in der zu Beginn einer Predigt aus der Bibel gelesen wird und in der Sie sicher sein können, dass das, was folgt, darauf aufbaut. Gott hat unsere Herzen gemacht, und nur er weiß, was wir wirklich brauchen. Und er hat unsere Herzen für sein Wort geschaffen. Nichts ernährt uns so wie seine Botschaft an uns."[1]

Eine Gemeinde, die Gott ehrt, richtet sich an Gottes Wort aus. Paulus sagt uns in 2. Timotheus 3,16: „Denn jede Schrift, die von Gottes Geist eingegeben wurde, ist nützlich für die Unterweisung im Glauben, für die Zurechtweisung und Besserung der Irrenden, für die Erziehung zu einem Leben, das Gott gefällt."

Aber Vorsicht! Auf den ersten Blick scheinen die meisten Gemeinden Gottes Wort zu predigen. Man sieht Bibelzitate im Gemeindebrief und an den Wänden und hört sie in den Gottesdiensten. Doch Hinweise auf die Bibel allein bedeuten noch nicht notwendigerweise, dass die Gemeinde Gottes Wort auch wirklich folgt.

Manche Prediger fangen mit einem Bibelvers an, benutzen ihn aber eigentlich nur als Vorlage, um dann ihre persönliche Meinung kundzutun. Das weiß ich so genau, weil ich selbst dazu geneigt habe, das zu tun! Ich habe oft unterhaltsame Predigten um gefällige Illustrationen, Geschichten oder Ideen herumgebaut, die von mir selbst kamen. Natürlich pfefferte ich meine Predigten immer mit Bibelversen, aber die waren nicht das „Fleisch", sondern eben nur die Würze.

Seitdem hat Gott in seiner Gnade viel Veränderungsarbeit an mir geleistet und ich wachse im Hinblick auf die tatsächliche Verkündigung seines Wortes. Ich habe begriffen, dass es das Beste für meine Gemeinde ist, meine Predigten auf der Bibel aufzubauen und meine Aussagen und Wertungen an denen auszurichten, die das Wort Gottes vorgibt. Im Rahmen dieser Art zu predigen gibt es immer noch die vielfältigsten Möglichkeiten der Ausformung, je nach Persönlichkeit und Stil des Predigers (und ganz bestimmt muss das nicht zu langen, schwer verständlichen oder langweiligen Reden führen!). Das treibende Prinzip dahinter ist, dass Gottes Wort Priorität hat. Die Aufgabe des Predigers ist es, lediglich das auszudrücken, was Gott seiner Gemeinde mitteilen will.

Die erste Priorität sollte also sein, dass eine Gemeinde die Autorität der Bibel anerkennt und auf ihren Aussagen und Werten aufgebaut ist.

## 2. Wird in dieser Gemeinde eine gesunde Doktrin gelehrt?

In Apostelgeschichte 2,42 steht über die ersten Christen: „Sie ließen sich von den Aposteln unterweisen." Wir heute haben die Lehre der Apostel in der Bibel niedergeschrieben vorliegen.

............................................................

*Das Wort „Doktrin" klingt vielleicht ein bisschen beunruhigend, doch es steht eigentlich nur für das, was eine Gemeinde über ein beliebiges Thema lehrt. Eine Gemeinde, die eine biblische Doktrin lebt, schätzt und ehrt die in der Bibel gelehrten Werte, weiß, woran sie glaubt und lässt sich in allen Dingen von diesem Glauben leiten.*

Eine gesunde Doktrin steht immer im Kreuzfeuer der Kritik. Paulus berichtet uns in 2. Timotheus 4,3–4: „Denn es wird eine Zeit kommen, da werden sie die gesunde Lehre unerträglich finden und sich Lehrer nach ihrem Geschmack aussuchen, die sagen, was ihnen die Ohren kitzelt. Sie werden nicht mehr auf die Wahrheit hören, sondern sich fruchtlosen Spekulationen zuwenden."

Heutzutage wird eine klare Doktrin oft von Menschen kritisiert, weil sie meinen, sie stifte Uneinigkeit und sei unnötig für ein geistliches Leben. Es gibt sogar Leute, die stolz darauf sind, keine wirklich klare Meinung zu Themen wie Sünde oder den Heiligen Geist zu haben. Ein Freund von mir, der an einer großen Konferenz für Jugendmitarbeiter teilnahm, berichtete mir, dass der Hauptredner als Erstes sagte: „Es geht hier nicht um Doktrin! Es geht um Jesus!"

Ich halte das für eine traurige und irreführende Aussage. Wir müssen uns ja nicht zwischen einer klaren Lehre einerseits und Jesus andererseits entscheiden – ganz im Gegenteil! Die beiden Anliegen sind sogar untrennbar miteinander verbunden! Wir können nur dann in unserer Liebe zu unserem Herrn wachsen, wenn wir besser verstehen lernen, wer er ist und was er für uns getan hat. Das Streben nach Wahrheit führt uns nicht weiter weg von ihm, sondern näher zu ihm hin – zu größerer Anbetung und stärkerem Gehorsam.

Ich weiß allerdings auch, dass es Gemeinden gibt, die auf unweise oder arrogante Art an ihren Prinzipien und doktrinalen Positionen festhalten. Oder zweitrangige Doktrin-Fragen als Möglichkeit nutzen, besonders exklusiv zu sein oder auf andere herabzusehen, die nicht mit ihnen übereinstimmen. Ich hoffe, dass wir nie in eine solche Haltung verfallen! Doch man kann durchaus die Wahrheit lieben, ohne unfreundlich oder stolz zu sein.

Halte nach einer Gemeinde Ausschau, die klar weiß und definiert, was sie glaubt – die ein Ort ist, an dem dieser theoretische Unterbau auch gelebt wird. Wenn diese Gemeinde dein Zuhause werden soll, solltest du mit ihr in den grundsätzlichen doktrinalen Fragen übereinstimmen.

### 3. Wird in dieser Gemeinde das Evangelium hoch gehalten und klar verkündet?

Das Evangelium ist die Gute Nachricht von Jesus Christus, der ein vollkommenes Leben geführt hat und für uns gestorben und auferstanden ist. Das ist die Grundaussage der ganzen Bibel – ein heiliger Gott hat sich in seiner Gnade einen Weg ersonnen, wie Sünder Vergebung erlangen können und so die Trennung zwischen ihm und den Menschen überbrückt wird.

Ich bin in einem christlichen Elternhaus aufgewachsen, doch viele Jahre meines Lebens stand das Evangelium bei mir nicht im Mittelpunkt. Eigentlich war das alles ziemlich nebulös für mich. Ja, ich wusste, dass Jesus mich liebte, dass er sich eine persönliche Beziehung zu mir wünschte und dass ihm etwas daran lag, dass ich ein guter Mensch war.

Erst als Gott mich in eine Gemeinde brachte, die das Evangelium sehr klar vertrat und offensichtlich hoch schätzte, begriff ich, wie Gottes Einfluss in meinem täglichen Leben praktisch spürbar werden konnte. Ich konnte mich ihm nur auf der Basis seiner Gnade nähern; mit guten Taten konnte ich mir keinen besseren Platz in seinem Thronsaal verdienen. Jesus hatte mir diesen Platz bereits mit seinem Blut erkauft; ich war nicht nur ein netter Typ, dessen Leben die Beziehung zu Gott noch die letzte Würze geben würde. Ich war ein Sünder, der durch den Tod von Jesus Christus gerettet werden musste, um überhaupt vor Gott treten zu können. Als ich diese erstaunliche Wahrheit begriffen hatte, staunte ich erst so richtig über Gottes Gnade. Sie half mir, als ich mit Versuchungen und Sünden zu kämpfen hatte. Sie half mir, vergebungsbereiter zu werden.

Charles Spurgeon sagte einmal über die Wahl einer Gemeinde:

........................................................................

*„Gehen Sie nicht dorthin, wo es schöne Musik und große Reden und gelungene Architektur gibt; diese Dinge füllen niemandem den Magen und geben auch der Seele keine Nahrung. Gehen Sie dorthin, wo das Evangelium gepredigt wird, das Evangelium, das Ihre Seele wirklich satt macht; und gehen Sie oft dorthin!"[2]*

C. J. Mahaney, der Pastor und Freund, der mir seit langem ein wichtiger Mentor ist, hat mir immer wieder eingetrichtert, dass das Evangelium sowohl in meinem persönlichen Leben als auch in meiner Leitungstätigkeit in der Gemeinde anbsoluten Vorrang haben muss. Er hat mir beigebracht, dass es beim Evangelium nicht nur darum geht, wie man gerettet wird, sondern dass es jeden Tag unseres Lebens bestimmen muss!

## 4. Hat die Gemeinde das Ziel, Suchende mit dem Evangelium bekannt zu machen?

Jesus hat jeden seiner Nachfolger beauftragt, hinzugehen und andere Menschen zu Jüngern zu machen (Matthäus 28,18–20). Deshalb solltest du es zu einer Priorität machen, eine Gemeinde zu suchen, die keinen „frommen Kuschelclub" darstellt, sondern der es wichtig ist, kirchenferne Menschen mit Gott und seiner rettenden Botschaft bekannt zu machen. Das ist es, was man Evangelisation nennt.

Ohne klare Betonung der Evangelisation wird eine Gemeinde immer egozentrierter und enger. Es gibt andererseits auch Gemeinden, die sich so darauf konzentrieren, interessant für Außenstehende zu sein, dass sie jegliches eigene Profil verlieren. Natürlich darf die klare Botschaft des Evangeliums niemals verändert oder angepasst werden, damit man sie besser „vermarkten" kann. Menschen, die von Gott getrennt leben, ist nicht damit gedient, wenn man versucht, sie mit einer weichgespülten Version des Evangeliums zu ködern, statt unserem Auftrag gemäß die Aussagen der Bibel als Ganzes weiterzugeben.

## 5. Zeichnen sich die Leiter dieser Gemeinde durch Integrität und Demut aus?

An meinem 21. Geburtstag schrieb mir mein Vater einen ganz besonderen Brief, in dem er mich dazu ermutigte, nach männlichen Vorbildern Ausschau zu halten, nach denen ich mich ausrichten wollte. „Dann setz dich zu ihren Füßen und lerne von ihnen", riet er mir. Das ist ein guter Rat! Kein Pastor ist perfekt, aber in der Gemeindeleitung sollten Menschen sitzen, denen man vertrauen und deren Vorbild man folgen kann.

In 1. Timotheus 3 finden wir eine Beschreibung der Eigenschaften, die Leiter aufweisen sollten. Ein Mensch, der in einer Gemeinde eine Führungsposition ausfüllt, muss über jeden Verdacht erhaben sein, nüchtern denken können, sich im Griff haben, Respekt verdienen, gastfreundlich sein, nicht zu Gewalt neigen, weder streitsüchtig noch geldgierig sein ... Beachte, dass diese Qualifikationen fast alle in direktem Zusammenhang zu seiner generellen Lebensqualität stehen. Ich habe schon öfter gehört, dass Pastorsein eine Charakterschule ist. Keine Ausbildung, kein Führungstalent und keine Redebegabung können einen von Gott geprägten Charakter ersetzen. Halte also nach einer Gemeinde Ausschau, in der persönliche Charakterbildung größere Wichtigkeit hat als Titel, Namen oder äußerliche Erfolge.

Ich habe festgestellt, dass die effektivsten Leiter sich in erster Linie als Diener betrachten. Und integre Leiter sorgen dafür, dass sie Menschen haben, denen sie ständig Rechenschaft über ihr Tun ablegen. Sie sehen sich selbst nicht als immun gegen Versuchungen an, sondern treffen weise Vorkehrungen, um sich finanziell, moralisch und in jedem anderen anfälligen Bereich gegen Fehltritte abzusichern. Sie sind sich ihrer Rolle als Diener des großen Hirten bewusst und leben ständig im Wissen um ihre Verantwortung ihm und seinen Kindern gegenüber.

## 6. Bemühen sich die Menschen in dieser Gemeinde darum, Gottes Wort gemäß zu leben?

Keine Gemeinde kann von sich behaupten, dass sie perfekt „funktioniert". Was aber wichtig ist, ist die Frage, ob die Mitglieder dieser Gemeinde nicht nur danach streben, „richtig" zu glauben, sondern auch richtig zu leben. Es ist durchaus möglich, dass eine Gemeinde eine gesunde Doktrin hat und lehrt und dennoch eine Kultur der totalen Apathie entwickelt, wenn es darum geht, die Wahrheiten von Gottes Wort im täglichen Leben anzuwenden.

........................................................

*Unser Glaube an Gott und unser Wunsch, ihn durch Gehorsam und geistliche Weiterentwicklung zu ehren, betrifft im Grunde jeden Bereich unseres Lebens – angefangen bei unserem Verhalten am Arbeitsplatz bis zum Umgangston zuhause. Wenn das nicht der Fall ist, läuft etwas gewaltig verkehrt!*

Eine Gemeinde, der du dich anschließen kannst, versucht eine Gemeindekultur zu pflegen, in der Gottes Wort gehört und befolgt wird (siehe Jakobus 1,22). Es geht nicht nur darum, neue Leute zu gewinnen, sondern diese zu Jüngern zu machen, die in jedem Bereich ihres Lebens wachsen und gedeihen.

## 7. Kannst du in dieser Gemeinde enge Beziehungen aufbauen?

Wir alle brauchen Menschen, die uns ermutigen, denen wir wichtig sind und denen wir Rechenschaft über unser Tun ablegen. Auch die Bibel lehrt immer wieder, wie wichtig es ist, mit anderen Christen in enger Verbindung zu stehen.

Bietet die fragliche Gemeinde Gelegenheiten, biblische Gemeinschaft, gegenseitige Ermutigung und Anwendung des Glaubens zu erleben? Das sieht natürlich in unterschiedlichen Gemeinden auch unterschiedlich aus. In manchen gibt es offizielle Kleingruppenstrukturen, bei anderen werden dieselben Ziele auf anderen Wegen erreicht. Was zählt, ist die Tatsache, dass gottgewollte Beziehungen bestehen und wachsen. Und natürlich braucht so etwas normalerweise seine Zeit und passiert nicht von allein.

Denk darüber nach, ob du dich realistischerweise stark in die Beziehungen einbringen kannst, die diese Gemeinde bietet. Ganz egal, wie gut dir eine Gemeinde gefällt – wenn du zwei Stunden Fahrtzeit entfernt wohnst, werden deine Möglichkeiten sehr begrenzt sein, ein wichtiger Teil dieser Gemeinschaft zu werden. Eine Ortsgemeinde sollte daher tatsächlich vor Ort sein.

## 8. Werden die Mitglieder der Gemeinde dazu ermutigt, sich einzubringen?

Pastoren sind nicht dazu da, als bezahlte Kräfte ihren Gemeindemitgliedern die ganze Arbeit abzunehmen! Epheser 4,12 berichtet, dass es die Aufgabe der

Pastoren ist, „die Glaubenden zum Dienst bereitzumachen, damit die Gemeinde, der Leib von Christus, aufgebaut wird". Das bedeutet, du solltest nach einer Gemeinde Ausschau halten, die ihre Mitglieder dazu ausrüstet, sich mit ihren Gaben einzubringen, und sie dann auch praktisch dazu anhält.

Ich möchte dich aber warnen, was die Anwendung dieses Kriteriums angeht. Ich habe schon Leute kennengelernt, die ihre Einsatzmöglichkeiten in einer Gemeinde auf sehr egoistische Weise beurteilen. Zum Beispiel sind sie durchaus motiviert, sich einzubringen, aber nur auf die Art und Weise, wie es ihnen passt. Wenn es genau diese Gelegenheit nicht gibt, dann machen sie lieber gar nichts. Wenn man mal darüber nachdenkt, ist diese Einstellung eigentlich reichlich seltsam: Zu dienen bedeutet ja vom Grundsatz her, freudig echte Bedürfnisse anderer zu stillen – und das geht nun mal meist nicht auf genau die Art, die einem persönlich am meisten liegt, die einen nicht anstrengt oder einem nichts abfordert, was wirklich schmerzt.

Mein Rat ist daher, eine Gemeinde nicht dahingehend zu überprüfen, ob sie dir eine geeignete Bühne für deine Begabungen bietet. Halte nach einer Gemeinde Ausschau, die sich wirklich für die Bedürfnisse der Menschen interessiert – und dann sei bereit, das zu tun, was nötig ist, um diese Bedürfnisse zu erfüllen!

## 9. Ist diese Gemeinde notfalls auch bereit, mich rauszuschmeißen?

Diese Frage klingt vielleicht ein bisschen befremdlich, aber es steckt eine wichtige Wahrheit darin: Wenn ein Mensch, der behauptet, Christ zu sein, über einen längeren Zeitraum ein Leben führt, das allem widerspricht, was Jesus gelehrt hat, dann liegt es in der Verantwortung einer Gemeinde, diesen Menschen auszuschließen (natürlich erst, nachdem man versucht hat, vernünftige Gespräche mit ihm zu führen). In der Bibel wird empfohlen: Der Betroffene soll wie ein Ungläubiger betrachtet werden in der Hoffnung, dass er sein Fehlverhalten irgendwann einsieht und wieder umkehrt (1. Korinther 5,2; 2. Korinther 2). Das geschieht jedoch weder plötzlich noch auf gemeine Art und Weise. Man nennt diese Maßnahme altmodisch „Gemeindezucht" und Jesus höchstpersönlich hat sie eingeführt (siehe Matthäus 18).

········································································

*Warum solltest du dich freuen, wenn eine Gemeinde dich notfalls auch rauswerfen würde? Für mich persönlich bedeutet das Wissen, dass meine Gemeinde das tun würde, Sicherheit, denn das heißt, dass diese Gemeinschaft sich nicht einfach damit abfinden würde, wenn ich mich in einer skandalösen Sünde verheddern würde. Sie würde nicht gleichgültig die Achseln zucken, sondern um mich kämpfen, mich anflehen, mich geduldig mit Gottes Wort konfrontieren ... und wenn ich mich weigern würde, mich zu ändern, würde sie mich schließlich schweren Herzens, aber konsequent und von Liebe zu mir motiviert herauskomplimentieren.*

Denke daran, dass das Ziel der Gemeindezucht darin besteht, dass der Betroffene letzten Endes zurückkommt. Vor 400 Jahren schrieb Menno Simons (der Gründervater der Mennoniten): „Wir möchten niemanden ausschließen, sondern lieber empfangen; nicht amputieren, sondern lieber heilen; nicht abstoßen, sondern lieber zurückgewinnen; nicht betrauern, sondern lieber trösten; nicht verurteilen, sondern lieber erretten."[3] So gesehen ist Gemeindezucht ein Ausdruck echter Liebe. Es ist ein Versuch, jemanden zu retten, der vom Weg abgekommen ist; gleichzeitig ist es auch ein Schutz für die Gemeinde und das, was sie darstellt.

Letztlich steht und fällt ja der Einfluss, den eine Gemeinde auf ihre Umgebung hat, mit dem Beispiel, das sie gibt. Wie unsere Generation nur zu gut weiß, zerstören Heuchelei und Korruption jedes Vertrauen in eine Gemeinde und bringt ihre Botschaft in Misskredit. Eine Gemeinde, die Gott die Ehre geben und eine verlorene Welt erreichen will, wird nicht nur Mitglieder haben, sondern auch klar definieren, was zu dieser Mitgliedschaft dazugehört. Sie kann jedem Auskunft geben, der fragt, wer wirklich ein Teil dieser Gemeinschaft ist und wer nicht.

Disziplinierungsmaßnahmen sind auch wichtig, wenn jemand anfängt, falsche Lehren zu verbreiten. In diesem Fall schützt sofortiges Einschreiten die Gemeinde vor den schädlichen Folgen von Irrwegen, geistlichem Missbrauch und Häresie.

Achte also darauf, ob die fragliche Gemeinde dich nicht nur herzlich willkommen heißt, sondern auch liebevoll darauf achten wird, ob du auf Kurs bleibst – eine Gemeinde also, die dich genug liebt, um notfalls auch drastische Maßnahmen zu ergreifen, um deine Seele zu retten.

## 10. Bin ich bereit, mich dieser Gemeinde voller Enthusiasmus so anzuschließen, wie sie ist?

Ich habe oft sowohl Männern als auch Frauen geraten, lieber nicht zu heiraten, wenn sie mit dem (mehr oder weniger offensichtlichen) Gefühl in die Ehe gehen, ihren Partner noch ein bisschen ummodeln zu wollen. Frage jedes beliebige Paar, das länger als ein Jahr zusammen ist – das funktioniert einfach nicht!

Bei deiner Gemeindesuche solltest du dich daher auch fragen: „Kann ich freudig und von ganzem Herzen Ja zu dieser Gemeinde, ihren Leitern, ihrer Lehre und der Richtung sagen, in die sie geht?"

Bitte schließ dich keiner Gemeinde an, weil du denkst, dass Gott dich dazu berufen hat, diese mal so richtig umzukrempeln! Erkenne demütig an, dass du mit deinen eigenen Sünden genug zu tun hast und nirgendwo als selbst ernannter Leiter gut ankommen wirst.

Finde eine Gemeinde, von der du richtig begeistert bist. Natürlich wollen wir, dass unsere Gemeinde sich weiterentwickelt, dass sie wächst und besser wird (so wie du persönlich hoffentlich auch). Doch wenn es die richtige Gemeinde für dich ist, dann magst du sie so, wie sie jetzt ist – sodass du dich in dem Glauben dazu-gesellen kannst, dass Gott hier am Werk ist. Lass deine Beschwerden und Mäkeleien draußen. Eine solche Einstellung wird nur deine Erfahrungen begrenzen, dein Engagement lähmen und die Einheit der Gemeinde schwächen.

## Deine Einstellung zählt

Ich möchte dich ermutigen, nicht nur die richtigen Fragen auf der Gemeindesuche zu stellen, sondern sie auch mit der richtigen inneren Einstellung zu stellen. Begegne jeder Kirche, die du besuchst, mit Achtung und Demut. Bete für die Leiter und Mitglieder. Bitte Gott, dir dabei zu helfen, das Gute an dieser Gemeinde zu sehen. Selbst wenn es nicht die richtige Gemeinde für dich ist – denke daran, dass Gott die Arbeit seiner Kirche schätzt, auch wenn sie nicht perfekt ist!

Und gerate nicht in den unseligen Kreislauf des „Gemeinde-Hoppings"! Tu dein Bestes, um möglichst bald eine geistliche Heimat zu finden. Wenn du dich von den zehn Punkten überfordert fühlst, reduziere die Liste auf drei:

* Suche nach einer Gemeinde, die Gottes Wort lehrt.
* Suche nach einer Gemeinde, die Gottes Wort schätzt.
* Suche nach einer Gemeinde, die Gottes Wort lebt.

Diese Punkte sind absolut unverhandelbar.

........................................................

*Du wirst keine Gemeinde finden, die in allen Punkten perfekt ist – meine ist das übrigens auch nicht. Doch es gibt durchaus Gemeinden, die sich in allen Punkten um Gelingen und Wachstum bemühen. Das ist nicht auf eine Denomination oder einen bestimmten Stil beschränkt. Gott ist überall auf der Welt am Werk. Und diese Gemeinden brauchen selbstlose und hingebungsvolle Mitglieder, die sie in ihrer Mission unterstützen.*

## Schwierige Situationen

Für mich war es schwer, dieses Kapitel zu schreiben. Ich will niemanden – schon gar keinen anderen Pastor – glauben machen, dass ich mich selbst zum Richter über andere Gemeinden erhebe. Gleichzeitig sind die zehn Punkte aber auch biblisch relevant und wirklich wichtig. Wenn sie in einer Gemeinde komplett verkehrt laufen, dann ist diese Gemeinde nicht nur „normal unvollkommen", sondern sie ist ungehorsam und entehrt Gott.

Es ist eine traurige Tatsache, dass es auch solche Gemeinden gibt. Es sind Kirchen, die die Autorität Gottes nicht mehr anerkennen und/oder sein Wort nur noch selektiv lehren und anwenden. Sie haben das Evangelium abgespeckt, verharmlost oder entstellt.

Es macht mich traurig, das zu sagen, aber es gibt Gemeinden, bei denen ich dich nur ermutigen kann, schnellstmöglich auszutreten. Das möchte ich ganz klar sagen, denn das Letzte, was ich mit diesem Buch bezwecken will, ist, jemanden dazu zu überreden, in einer ungesunden Gemeinde zu bleiben! Wir sind dazu berufen, uns voll in eine Gemeinde zu investieren – aber das kann auch bedeuten, dass man eine Gemeinde verlässt, die einfach unbiblisch ist, um sich in einer anderen sinnvoll einbringen zu können.

Was solltest du tun, wenn du zu einer solchen „ungesunden" Gemeinde gehörst und den dringenden Wunsch hast zu gehen?

Meine Empfehlung ist, dass du vor allem darauf achtest, deinen Weggang so demütig und hilfreich wie möglich zu gestalten. Beteilige dich nicht an Klatsch und Hetze über Mitglieder oder Leiter der Gemeinde. Wenn du zur Gemeinde gehörst, lasse den Pastor freundlich, klar und genau wissen, was deine Gründe sind, die Gemeinde zu verlassen. Versuche auch, positive Aspekte zu finden und zu nennen. Bitte um seine Meinung dazu. Dein Ziel sollte sein, auf eine Art und Weise zu gehen, die Gott ehrt und keine Trümmer hinterlässt. (Bei alledem gehe ich davon aus, dass du vorher bereits versucht hast, im offenen Gespräch mit dem Pastor und der Gemeindeleitung über diese Punkte zu reden, ohne dass es zu einer Einigung oder angemessenen Kompromissen gekommen ist.)

Was, wenn es keine guten Gemeinden in deiner Nähe gibt?

Zuerst kannst du Gott darum bitten, die Gemeinden in deiner Umgebung zu stärken und zu beleben. Deine Situation sollte nicht als Ausrede missbraucht werden, sich nirgends einzubringen. Finde die beste Alternative und lasse dich darauf ein, dort mitzumachen, zu lernen und zu dienen. Noch einmal. Betrachte dich nicht selbst als den lang erwarteten „Veränderer", sondern diene in Demut. Unterstütze die Leiter. Bitte Gott, dich einzusetzen.

Wenn du in einer Gemeinde bist, in der du nicht wachsen kannst, mag es an der Zeit sein, dich umzuorientieren.

........................................................................

*Menschen kündigen täglich überall auf der Welt ihre Jobs und wechseln zu einer besser bezahlten Stelle, ohne dass das irgendjemand infrage stellen würde. Warum sollten wir nicht in Erwägung ziehen, sogar den Wohnort zu wechseln, um uns einer Gemeinde anschließen zu können, die uns unersetzliche, ewige, geistliche Vorteile zu bieten hat?*

Das sage ich nicht leichthin; eine solche Entscheidung erfordert Geduld, Gebet, Beratung und sorgfältiges Abwägen. Aber ich bin bereits einmal umgezogen, um in die Nähe der „richtigen" Gemeinde zu kommen, und ich habe es nicht bereut! Ich kenne mehrere Personen, die ebenfalls diesen Schritt getan haben und nur bereuen, dass sie es nicht schon viel früher gewagt haben!

Wenn es für dich nicht in Frage kommt umzuziehen, dann vertraue darauf, dass Gott dich dort verändern und benutzen kann, wo du bist. Bringe dich in der besten Gemeinde ein, die du finden kannst; notfalls musst du dir zusätzliche geistliche Nahrung in Form von Büchern oder Predigt-CDs besorgen o. ä.

## Die beste Zeit deines Lebens

Und gib nicht auf! Eine gute Gemeinde ist eine lange Wartezeit, viel Gebet und Aufwand wert. Gott ist treu. Er wird dir in der richtigen Zeit die richtige Gemeinde für dich schenken.

Wenn das geschieht, dann schätze das, was dir gegeben wurde – und lass es nicht wieder los! Denn du hast endlich den Ort gefunden, an dem du und deine Familie die beste Zeit eures Lebens verbringen werdet!

Darum soll es im nächsten Kapitel gehen.

# Kapitel 6
# Rettet den Sonntag!
## Wie man mehr
## aus dem besten Tag der Woche macht

Am Sonntag gehen Christen in die Kirche. Das weiß jeder. Rund um die Welt mag die Zahl der Gottesdienstbesucher rückläufig sein, aber für eine ganze Menge Menschen ist es immer noch gang und gäbe, sonntags in die Kirche zu pilgern. Es ist eine Selbstverständlichkeit – wie Schlafen und Atmen und all die anderen Dinge, die wir eben tun, ohne nachzudenken.

Und ich schätze, das ist auch das Problem: Wir könnten auch im Schlaf hinfinden und manche Leute tun genau das.

Ich schätze, dass ich in meinem Leben ungefähr 1.500 Gottesdienste miterlebt habe. Und an viel zu vielen dieser Sonntage …

* bin ich zu spät aus dem Bett gekommen,
* kam ich völlig groggy in die Kirche getaumelt,
* war ich gedanklich abwesend,
* habe ich nur mit halbem Ohr zugehört,
* bin ich danach schnell gegangen,
* habe ich kurze Zeit später schon wieder alles vergessen, was in der Predigt gesagt worden war.

Doch Sonntage wie diese geben einem nicht viel geistlichen Antrieb, oder? Heute erkenne ich, wie viel ich hätte lernen und mitnehmen können, wenn ich etwas vorausschauender gehandelt und die Gottesdienste voll genossen und innerlich richtig begleitet hätte.

..............................................................

*Denn die Wahrheit ist doch, dass der Sonntag für ein Kind Gottes der beste Tag der Woche ist. Für uns haben diese wenigen Stunden eine unersetzliche strategische Bedeutung. Sie sind dazu gedacht, mit Überraschungen, Leben, Ideen, Kreativität, Freude und Genuss voll gepackt zu sein! Warum sollte man das verpassen wollen?!*

Wenn du den Sonntag vor dem Verfall retten musst, dann könnte dir dieses Kapitel helfen. Den besten Anfang macht man meiner Erfahrung nach, wenn man zunächst mal das loswird, was nichts bringt. In meinem Fall habe ich herausgefunden, dass ich ein paar wenig hilfreiche innere Einstellungen, schlechte Angewohnheiten und verstaubte Annahmen (die sowieso nicht stimmten) ablegen und dann praktische Schritte unternehmen musste, um anders in den Gottesdienst hineinzugehen.

Wenn du nur ein paar meiner Vorschläge in die Tat umsetzt, wirst du sofort einen Unterschied bemerken – das garantiere ich dir!

Im 1. Buch Mose sehen wir, dass Gott selbst den siebten Tag als Tag der Ruhe und Regeneration sehr ernst nimmt. Die Einhaltung des Sabbat (Sonntag) ist sogar eines der Zehn Gebote! Ich will dir jetzt nicht empfehlen, die alttestamentlichen Auflagen für den Sabbat einzuhalten, aber ich glaube, dass wir enorme persönliche und geistliche Vorteile sausen lassen, wenn wir den Sonntag einfach so behandeln, als wäre er ein Tag wie jeder andere auch. Denn das ist er nicht! Die Urchristen nannten ihn „den Tag des Herrn". Es ist ein Tag, den man „empfangen und umarmen kann", wie Matthew Henry sagt, „als ein Privileg und einen Vorteil, nicht als Aufgabe oder Belastung."[1]

Ich glaube, du wirst entdecken, dass Gott etwas für dich in petto hat, das deine Gottesdiensterfahrung radikal verändern kann – denn der Sonntag ist eins seiner besten Geschenke an uns!

## Sein Tag

Zuerst müssen wir lernen, den Sonntag mit neuen Augen zu sehen. Natürlich ist es in gewissem Sinne nur ein Tag wie jeder andere – 24 Stunden, in denen die Sonne auf- und untergeht. Doch wenn dein Herz für Gottes Pläne und Gottes Kinder zu schlagen beginnt und du eine Ahnung davon bekommst, dass er dir wirklich begegnen will, dann verändert sich der Sonntag. Er wird zu etwas Außergewöhnlichem. Etwas Heiligem. Etwas Lebenswichtigem.

Jeder Tag gehört Gott. Doch der Sonntag ist auf besondere Weise sein Tag. Jesus hat von ihm Besitz ergriffen, seit er an diesem Ostersonntag aus dem Grab kam. An diesem Morgen hatte er den Tod besiegt. Er war für unsere Sünden gestorben. Er hatte uns einen Weg gebahnt, auf dem wir in Gottes Gegenwart treten können. Und jeder Sonntag seitdem ist ein Jubiläum dieses erstaunlichen Morgens. Der Retter ist auferstanden – und alles ist anders geworden.

Der gekreuzigte und auferstandene Jesus hat versprochen, auf besondere Weise anwesend zu sein, wenn seine Leute sich versammeln, um ihn anzubeten. Wo immer das passiert, egal, ob in einer Kathedrale oder auf einer Wiese, ehren wir Gott, wachsen in unserem Glauben und ermutigen einander. Und in jeder Minute ist Jesus mitten unter uns.

„Wir dürfen daher", so J. I. Packer, „niemals zulassen, dass unsere Sonntage reine Routineveranstaltungen werden; mit einer solchen Einstellung trivialisieren wir sie und würdigen sie zu einer Formalität herab. Jeder Sonntag ist dazu gedacht, ein großartiger Tag zu sein, und wir sollten ihn in diesem Bewusstsein voller Erwartungen beginnen."[2]

Mein Ausgangspunkt in diesem Kapitel ist, dass wir vermutlich einiges verpassen, was Gott uns mit diesem Tag bieten könnte, wenn wir nicht lernen, unsere Woche um den Sonntag herum aufzubauen, statt andersherum. Zum Beispiel sollten wir uns einmal ganz praktisch überlegen, was vor, während und nach dem Gottesdienst passieren sollte. Ich möchte mal versuchen, deutlich zu machen, was ich meine ...

## Vor dem Gottesdienst

Müssen wir uns wirklich auf den Sonntagsgottesdienst vorbereiten? Reicht es nicht, wenn wir ordentlich angezogen sind und die Haare gekämmt haben? Nun, sich vorzubereiten bedeutet mehr als anständige Kleidung und ein schneller Blick in den Spiegel – wir müssen unsere Herzen bereit machen.

........................................................

*Wir können nicht erwarten, im Gottesdienst eine großartige geistliche Erfahrung zu machen, wenn wir nicht bereit sind, unsere Herzen und Gedanken darauf einzustimmen. Denke an andere Lebensbereiche: Bevor du einer Sportart nachgehst, wärmst du dich auf. Vor einer wichtigen Präsentation im Job siehst du dir deine Aufzeichnungen noch einmal durch. Vor einer Prüfung lernen wir. Warum sollten wir davon ausgehen, dass wir am Sonntag einfach ohne jede Vorbereitung in der Kirche auftauchen können, ohne dass das einen Unterschied macht?*

Eine solche Vorbereitung besteht aus geistlichen und praktischen Entscheidungen. Ganz praktisch gesehen beginnt ein toller Sonntag nämlich bereits am Samstagabend – und zwar mit dem, was man dann tut oder nicht tut. Eine der klügsten Entscheidungen, die du hier treffen kannst, ist nicht zu spät ins Bett zu gehen, sodass du am nächsten Morgen erholt und bereit bist.

Neben ausreichend Schlaf gibt es auch noch andere Aktivitäten, die dich geistlich positiv beeinflussen können. Spätfilme und ausgedehntes Surfen im Internet gehören eher nicht dazu. Mein Herz fühlt sich nach einem solchen Abend irgendwie taub an, und oft ertappe ich mich dabei, wie mir in der Kirche plötzlich irgendeine Action-Szene wieder vor Augen steht.

Pastor John Piper glaubt, dass eine der besten Handlungen, die man als Vorbereitung auf den Sonntag tun kann, das Drücken des Aus-Schalters am Fernseher ist: „Es erstaunt mich, wie viele Christen dieselben banalen, leeren, dummen, trivialen, unmoralischen, unpassenden Sendungen sehen wie die Nichtchristen – und sich dann wundern, dass ihr geistliches Leben schwach und ihre Anbetungserfahrung flach und arm ist. Wenn Sie wirklich das Wort Gottes auf die Art und Weise hören wollen, wie er es will, nämlich in Wahrheit und Freude und Kraft, dann lassen Sie am Samstagabend den Fernseher aus und lesen Sie stattdessen etwas Wahres und Großartiges und Schönes und Reines und Ehrbares und Hervorragendes und Lobenswertes (siehe Philipper 4,8). Und dann sehen Sie zu, wie Ihr Herz sich wieder entfaltet und einen Hunger nach dem Wort Gottes zu entwickeln beginnt."[3]

Gott möchte, dass sein Wort in „Wahrheit und Freude und Kraft" gehört wird, aber das erfordert ein bewusstes Anstreben von persönlicher Heiligung. In Jakobus 1,21 steht: „Legt also alles Gemeine und Schlechte ab, und nehmt bereitwillig das Wort an, das Gott euch ins Herz gepflanzt hat. Es hat die Macht, euch zu retten."

## Das Herz vorbereiten

Ich möchte dich dazu ermutigen, dein Herz dazu bereit zu machen, Gottes Wort zu empfangen – nicht nur, indem du schlechte Einflüsse vermeidest, sondern auch indem du dir samstagabends Zeit nimmst, um in der Bibel zu lesen und zu beten. Das gibt dir die Gelegenheit, deine Gedanken auf Verirrungen und Sünden hin zu überprüfen.

Es ist nicht zu viel verlangt. Denke daran, dass du dich am nächsten Tag mit anderen vom Leib Christi zusammenfindest, um den Heiligen Gott anzubeten!

Psalm 24,3–5 fragt: „Wer hat Zutritt zum Berg des Herrn? Was für Menschen dürfen den heiligen Boden betreten? Nur Menschen, die unschuldige Hände haben und ein reines Gewissen. In ihren Herzen gibt es keine Falschheit, von ihren Lippen kommt nie ein Meineid. Der Herr wird sie segnen und ihnen Hilfe senden, wie er es den Seinen zugesagt hat."

Ja, wir können nur deshalb vor Gott stehen, weil Jesus an unserer Stelle für unsere Sünden gestorben ist. Und wir können uns Gott nähern, weil Jesus unser Mittler ist (1. Timotheus 2,5). Doch statt uns geistlich faul werden zu lassen, sollten uns diese Wahrheiten dazu motivieren, eventuelle Sünden anzuerkennen und Gott zu bitten, sie uns zu vergeben. Über unseren Erlösungsbedarf nachzudenken ist eine sehr gute Vorbereitung für den Sonntag! Das hilft uns, unsere Gedanken von unseren Alltagsdingen wegzulenken und Gottes Wort in Ehrfurcht und Demut anzunehmen.

Am Sonntagmorgen solltest du früh genug aufstehen, um dich in aller Ruhe fertig zu machen und noch ein paar Augenblicke mit der Bibel und im Gebet zuzubringen. Psalm 19,9–15 ist ein weiterer wunderbarer Einstimmungstext vor dem Gottesdienst. Er erinnert uns an den Wert von Gottes Wort und die Notwendigkeit, uns von ihm helfen zu lassen:

........................................................

*Die Weisungen des Herrn sind zuverlässig, sie erfreuen das Herz. Die Anordnungen des Herrn sind deutlich, sie geben einen klaren Blick. Die Ehrfurcht vor dem Herrn ist untadelig und hat für immer Bestand. Die Gebote des Herrn sind richtig und ohne Ausnahme gerecht. Sie sind kostbarer als das feinste Gold, süßer als der beste Honig. Auch ich höre auf deine Gebote, Herr, denn wer sie befolgt, wird reich belohnt. Doch wer weiß, wie oft er Schuld auf sich lädt? Strafe mich nicht, wenn ich es unwissend tat! Bewahre mich vor vermessenen Menschen, damit sie mich nicht auf ihre Seite ziehen. Dann werde ich rein bleiben und frei von schwerer Schuld. Nimm meine Worte freundlich auf! Lass mein Gebet zu dir dringen, Herr, mein Halt und mein Retter!*

Nimm dir die Zeit, Gott für sein Wort und für seine Rettung zu danken. Erinnere dich an seine vielen Segnungen in deinem Leben.

Vielleicht musst du auch noch ein paar andere Eindringlinge aus deiner sonntäglichen Vorbereitung aussperren. Ich muss zugeben, dass ich der reinste Nachrichtenjunkie bin. Doch am Sonntagmorgen können mich die neuesten Nachrichten aus Fernsehen, Radio oder Internet extrem vom eigentlichen Ziel ablenken, daher schalte ich schlicht und einfach nichts davon an. Sich Sorgen über die neuesten Entwicklungen irgendwo auf der Welt zu machen ist einfach nicht die richtige Vorbereitung, um dann vor den Heiligen Gott zu treten.

Wie sehen deine sonntäglichen Ablenkungen aus? Vielleicht erledigst du noch schnell ein paar Hausarbeiten oder bleibst vor dem Videospiel hängen. Vielleicht hegst du unrealistische Erwartungen an das, was deine Familie noch alles machen sollte, bevor ihr das Haus verlasst. Was es auch ist – stelle dich der Ablenkung und beseitige sie! Tue, was in deiner Macht steht, um dich auf den großartigen Tag vorzubereiten, der dich erwartet, und hilf auch deiner Familie dabei, mit offenem Herzen in der Kirche anzukommen.

## Während des Gottesdienstes

Wenn du die Kirche betrittst, denke an die ewige Bedeutung dessen, was jetzt gleich kommen wird. Du versammelst dich mit den Kindern Gottes, um ihn anzubeten! Du bist gekommen, um ihn zu preisen, und er wird durch seinen Heiligen Geist anwesend sein.

Wenn der Gottesdienst beginnt, denk daran, dass du nicht hier bist, um gut unterhalten zu werden. Du bist kein Zuschauer, sondern Teil einer Versammlung, einer Gemeinschaft. Du stehst vor dem Einen. Es zählt nicht, ob du eine gute Stimme hast oder den Musikstil magst, der in dieser Gemeinde vorherrscht. Was zählt, ist nicht mal das, was du empfindest!

Lobpreismusik ist eine Chance, die Wahrheit zu verkünden und Lob und Dank Gott gegenüber auszudrücken.

Richte dich also in diesem Moment nicht nach deinen Gefühlen, sondern konzentriere dich auf die Wahrheit dessen, was du da singst, und auf die Person, an die es gerichtet ist. Gott ist da und empfängt deine Anbetung. Im Licht dieses wunderbaren Gottes solltest du dein Bestes geben!

## Pass auf, kleines Ohr, was du hörst!

Die Predigt ist der wichtigste Teil des Gottesdienstes. Und glaube mir, das sage ich nicht, weil ich selbst Pastor bin und ein bisschen Anerkennung brauche! Die Wichtigkeit der Predigt hat nichts mit dem Stil des Predigers zu tun, sondern mit der Autorität und Macht des Wortes Gottes.

Wenn uns Gottes Wort gepredigt wird, dann spricht Gott auf eine sehr reale Art und Weise zu uns. Wie mein Kollege Jeff Purswell es ausdrückt: „Wenn Gottes Wort gepredigt wird, erhalten Sie nicht einfach Informationen über Gott. Gott selbst spricht durch sein Wort zu Ihnen!"

Deshalb ist es so wichtig, wie wir die Predigt aufnehmen. Wir sollten uns nicht als passive Beobachter sehen. Die Art, wie wir zuhören und das, was wir gehört haben, umsetzen, ehrt Gott entweder oder sie tut es nicht. „Gemeinden können Gott nicht mehr Ehre geben als dadurch, dass sie aufmerksam seinem Wort lauschen mit dem Ziel, ihn anzubeten und ihm zu gehorchen, und dadurch, dass sie begreifen, was er getan hat und noch tut und wozu sie berufen sind", schreibt J. I. Packer.[4]

Ich frage mich, ob du schon einmal den folgenden Gedanken in Erwägung gezogen hast: Einer Predigt zuzuhören ist eine Form von Lobpreis. Donald Whitney erklärt: „Wir betrachten Lobpreis normalerweise als etwas, das wir tun, und weil eine Predigt vom Pastor gehalten wird (und nicht von uns), sehen viele Menschen sie nicht als Lobpreis. Doch der Predigt zuzuhören ist etwas, was Sie tun, und es ist ein Akt des Lobpreises, wenn man mit offenem Herzen und aufmerksamem Geist zuhört. Der Grund, warum es sich um Lobpreis handelt, ist ganz klar – Sie hören zu, wie Gott (durch sein Wort) zu Ihnen spricht."[5]

Weil Gott spricht, haben wir die Verantwortung zuzuhören. Und wenn wir die Wahrheit hören, haben wir die Verantwortung, darauf zu reagieren. Jesus sagte: „Gebt also Acht, dass ihr richtig zuhört" (Lukas 8,18).

Um ehrlich zu sein habe ich eine ganze Weile gebraucht, um mich auf diese Art zu denken einzulassen.

............................................................

*Ich tendierte zu der Auffassung, dass ich nicht verpflichtet war, aufmerksam zuzuhören, wenn ein Prediger nicht fesselnd, witzig oder vollmächtig sprach oder gute Geschichten erzählte. Diese Annahme ist gleichermaßen bequem wie falsch! Die wahre Verantwortung am Sonntagmorgen liegt nicht beim Pastor und seiner „Performance", sondern bei der Gemeinde.*

Damit will ich keine schlechten oder langweiligen Predigten in Schutz nehmen. Natürlich sollte ein Pastor sich bemühen, seine Predigt klar, verständlich, spannend und gut herüberzubringen. Doch letztlich liegt es immer noch in unserer Verantwortung, zuzuhören und die Wahrheit, die uns vermittelt wird, in unserem Leben anzuwenden.

Mein Pastor C. J. Mahaney hat mich gelehrt, dass ich einmal Rechenschaft für das ablegen muss, was ich gehört habe – und zwar ganz egal, ob es mich emotional bewegt hat oder nicht. (Wenn du mutig bist, lies diesen Satz noch einmal.) Gottes Wahrheit ist Gottes Wahrheit. Es spielt keine Rolle, ob sie auf eher langweilige Art vermittelt oder mit herzerweichenden Geschichten illustriert wurde. Wenn ich Gottes Wort gehört habe, bin ich dazu berufen, es auch zu befolgen. Punkt.

Ich möchte dich dazu ermutigen, deine Bereitschaft zum aufmerksamen Zuhören dadurch zu signalisieren und zu unterstreichen, dass du deine Bibel mit zum Gottesdienst bringst und vielleicht auch Zettel und Stift, um dir Notizen zu machen. Natürlich musst du nicht stenografisch jedes Wort mitschreiben. Betrachte deine Notizen einfach als eine Art Gedächtnisstütze, die dir dabei hilft, auch nach Ende des Gottesdienstes noch die Kernaussagen der Predigt präsent zu haben.

## Nach dem Gottesdienst

Wenn der Gottesdienst sich dem Ende zuneigt, hast du die Gelegenheit, Gott durch die Art, wie du mit den anderen Gemeindemitgliedern umgehst, Ehre zu machen. John Piper ermutigt seine Schäfchen, sonntags „mit dem Blick auf Gott zu kommen und mit dem Blick auf die Menschen zu gehen"[6].

Unser Glaube und unsere Liebe zu Gott drücken sich immer in unserem Umgang mit anderen Menschen aus. Schaue dich also nach Leuten um, die vielleicht das erste Mal in deiner Gemeinde sind und die den Eindruck machen, als würden sie niemanden kennen. Eine Frau namens Lynn, die sich erst vor kurzem Gott zugewandt hatte, schrieb mir: „Ich glaube nicht, dass Menschen, die in einer Gemeinde aufgewachsen sind, sich vorstellen können, wie hart es ist, in so eine ganz neue Umgebung zu kommen und sich zurechtzufinden." Sie hatte verschiedene Gemeinden besucht, war aber immer einsam wieder gegangen, weil sich niemand die Zeit genommen hatte, sie zu begrüßen oder sich mit ihr zu unterhalten.

Wir als Familie haben schon immer die Sonntage dazu genutzt, Leute zu uns nach Hause einzuladen. Es ist der perfekte Tag, um Gemeinschaft mit anderen Christen zu pflegen und das zu vertiefen, was in der Predigt angesprochen wurde.

Wie solltest du den Rest deines Sonntags verbringen? Ich glaube, es gibt gute Gründe, den ganzen Sonntag Gott zu widmen. Das bedeutet nicht, dass wir uns harte Regeln auferlegen, was wir an einem Sonntag tun oder nicht tun sollten, sondern dass wir uns überlegen, wie wir diesen Tag am besten zu unserer geistlichen Erfrischung nutzen können.

Meine Frau und ich lesen unserer Tochter gerade aus den Kindheitserinnerungen von Laura Ingalls vor (Unsere kleine Farm). Sie erzählt in einem der Bücher, dass die Eltern ihres Vaters der Familie am Sonntag strikte „Ruhe" verordnet hatten. Unglücklicherweise bedeutete das für die Kinder kein Spielen, kein Spaß und keine wie auch immer geartete Freude. Sie mussten in ihren unbequemen Sonntagskleidern herumsitzen und den ganzen Tag in der Bibel lesen. Für Lauras Vater waren daher die Sonntage seiner Kindheit eindeutig die schrecklichsten Tage der Woche!

Was für eine traurige Umsetzung der Idee, den Tag des Herrn zu ehren!

........................................................................

*Der Sonntag sollte ein Tag sein, den wir zu Gottes Ehre von ganzem Herzen genießen. Er bietet die Chance, einmal von der Alltagshektik Atem zu holen und uns geistlich wieder auf Kurs zu bringen. Er ist die Gelegenheit, unsere Herzen für die Herausforderungen und Versuchungen auszurüsten, die uns in der folgenden Woche begegnen werden.*

Ich habe also keine Regeln für dich, sondern ungeahnte Möglichkeiten! Was könnte zum Beispiel in deiner Familie alles geschehen, wenn du dir folgende Frage stellen würdest:

„Wie können wir den ganzen Sonntag so investieren, dass Gottes Liebe und Gegenwart in unserem Leben wirklich gefeiert wird und dass wir diese Freude auch in den Rest der Woche mitnehmen können?"

Die Puritaner nannten den Sonntag den „Markttag für die Seele". Damit wollten sie sagen, dass es der Tag ist, an dem man sich geistlich für die kommende Woche „versorgen" kann. Überlege dir doch mal, was du tun kannst, um diese Möglichkeit besser zu nutzen. Denn ganz egal, wie du den Sonntag verbringst – der Montag steht immer schneller vor der Tür, als man gedacht hat!

# Nach dem, was man gehört hat, handeln

Für die meisten von uns scheint die Arbeitswoche mit ihren vielen Terminen und der Hektik alles auszuradieren, was wir am Sonntag in der Gemeinde erlebt haben. Aber das muss nicht so sein!

Der Sonntag sollte nicht nur ein Tag sein, auf den wir uns freuen, sondern auch einer, von dem wir den Rest der Woche zehren können. Daher möchte ich dich dazu ermutigen, dir während der Woche immer wieder vor Augen zu halten, was du gelernt hast, und es auch praktisch anzuwenden.

In Jakobus 1,22–25 heißt es: „Es genügt aber nicht, dieses Wort nur anzuhören. Ihr müsst es in die Tat umsetzen, sonst betrügt ihr euch selbst! Wer die Botschaft Gottes nur hört, aber nicht danach handelt, ist wie ein Mensch, der in einen Spiegel blickt: Er sieht sich, wie er ist, und betrachtet sich kurz. Aber dann geht er weg – und schon hat er vergessen, wie er aussah. Anders der Mensch, der tief und anhaltend in das vollkommene Gesetz Gottes blickt, das uns frei macht. Er hört nicht nur hin, um es gleich wieder zu vergessen, sondern handelt danach. Freuen darf sich, wer das wirklich tut."

Glaube nicht, dass Zuhören allein genügt. Das Hören der Wahrheit allein verändert uns noch nicht. Wir müssen aktiv werden!

Ein Mitglied meiner Gemeinde namens Dave setzt sich jeden Montagmorgen in ein Café, um seine Notizen von der Sonntagspredigt noch einmal durchzulesen und sich zu fragen, wie er das Gelernte in der vor ihm liegenden Woche umsetzen kann. Er möchte ein

Täter des Wortes Gottes sein – er nimmt das Zuhören und das Handeln ernst.

## Was wäre, wenn?

Eine gute Möglichkeit, etwas ganz neu schätzen zu lernen, ist, sich vorzustellen, wie das Leben ohne es aussehen würde. Die meisten von uns würden nicht sofort in einen Schockzustand verfallen, wenn sie einmal ohne Sonntagsgottesdienst leben müssten. Wir würden vermutlich auch weiterhin in der Bibel lesen und beten. Doch was, wenn du wirklich nicht mehr mit anderen Christen zusammenkommen könntest, um Gottes Wort zu hören und gemeinsam anzubeten? Was, wenn du der einzige Christ weit und breit wärst?

## Was, wenn du wirklich allein wärst?

Als ich 14 Jahre alt war, fuhr ich mit unserer Bodenturner-Mannschaft zu einer Meisterschaft nach Sapporo in Japan. Da ich Halbjapaner bin und außerdem das erste Mal ganz allein in der weiten Welt unterwegs war, war ich total begeistert. Wir waren alle einzeln bei verschiedenen japanischen Familien untergebracht. Das klang spannend, aber ich war doch noch sehr jung und absolut nicht auf den Kulturschock und das Gefühl der Einsamkeit vorbereitet, die einen in einem fremden Land erwarten können.

Am Ende meines ersten Tages ohne meine Freunde wurde ich von einer richtigen Welle der Einsamkeit überflutet. Obwohl ich von Leuten umgeben war, kam ich mir total allein vor. Niemand in dieser Familie konnte mich verstehen und ich verstand auch niemanden. Ich war nur ein Junge aus Oregon, der sich völlig fehl am Platz vorkam.

Ich werde nie vergessen, wie schön es war, am nächsten Tag wieder mit meinen Teamkameraden zusammenzutreffen. Noch nie hatte ich mich so gefreut, Leute zu sehen, die so waren wie ich. Es war schon tröstlich, einfach nur in ihrer Nähe zu sein. Sie kannten mich. Sie verstanden mich. Sie waren meine Mannschaft. Wir hatten dasselbe Zuhause.

Ich glaube, ein bisschen von dem, was ich bei unserer „Wiedervereinigung" in Japan erlebt habe, passiert idealerweise jedes Mal, wenn wir sonntags die Kirche betreten. Durch unsere gemeinsame Liebe zu Gott und die Zusammenarbeit in einer Gemeinde sind wir im tiefsten Sinne des Wortes ein Team. Unsere Liebe und Zuneigung zueinander sollten spürbar und tief gegründet sein. Und das Wissen, dass wir andere Menschen brauchen, sollte uns mit einem überwältigenden Gefühl der Dankbarkeit für die Möglichkeit erfüllen, jeden Sonntag miteinander verbringen zu dürfen.

Bitte halte das nicht für selbstverständlich! Tue, was auch immer nötig ist, um diesen Feiertag wieder zu dem zu machen, wozu er ursprünglich gedacht war. Sieh dich nächsten Sonntag im Gottesdienst mal bewusst um und erinnere dich: „Dies sind meine Blutsbrüder und -schwestern in Jesus. Wir sind seine Gemeinde. Sein Volk. Wir sind heute Morgen hierhergekommen, um sein Wirken in unserem Leben zu bezeugen. Wir sind hier, um der Welt mitzuteilen, wie groß seine Liebe und Macht und Schönheit ist."

*Jeden Sonntag lädt uns der Eine, der uns gesucht und gerettet hat, dazu ein, gemeinsam näher zu ihm zu kommen. Er wünscht sich, dass wir die leidenschaftliche Freude des Psalmisten wiederentdecken, der schreibt: „Wie habe ich mich gefreut, als man zu mir sagte: ‚Komm mit, wir gehen zum Haus des Herrn!'" (Psalm 122,1).*

Nächsten Sonntag werden sich Millionen von Christen auf der ganzen Welt unter freiem Himmel, in Lehmhütten, in gemieteten Fabrikhallen, in Wohnzimmern, in Klassenzimmern und in milliardenteuren Kirchengebäuden versammeln. Doch die Orte, wo wir uns treffen, sind von geringer Bedeutung. Was zählt, ist der Eine, den zu preisen und zu ehren wir gekommen sind. Was zählt, ist, dass wir mit ihm zusammen sein werden – am Tag des Herrn.

Ich hoffe, du bist dann auch dabei ... mit ganzem Herzen!

## Kapitel 7

# Mein liebster Ort auf Erden

### Es ist Zeit für das Ja-Wort

Ohne Zweifel waren es die außergewöhnlichsten Tage der Menschheitsgeschichte. Jesus war von den Toten auferstanden. Bald würde er zum Himmel auffahren. Und in der Zeit dazwischen erschien er seinen Nachfolgern, um sie zu ermutigen und auf ihre Mission vorzubereiten.

Eines Morgens tauchte Jesus im Nebel an der Küste des galiläischen Meeres auf (die Geschichte steht am Ende des Johannesevangeliums). Er war gekommen, um seinen Freunden zu einem guten Fang zu verhelfen und ihnen Frühstück zu machen. Doch eigentlich verfolgte er ein wichtigeres Ziel.

Er musste noch mit Petrus reden.

Du kennst sicher Petrus. Er ist der Lieblingsjünger der meisten Christen, denn er machte viele Fehler und vertrat leidenschaftlich seine Ansichten. Er war der mutigste, tatkräftigste Nachfolger, der ... nun ja, sagen wir, im

Durchhalten nicht der Größte war. Und nun war Jesus gekommen, um ihm auf Augenhöhe zu begegnen.

## Eine Unterhaltung unter Freunden

Ich glaube, Petrus war an diesem Morgen etwas stiller als sonst. Wärst du vermutlich auch gewesen, wenn du erst wenige Tage zuvor öffentlich erklärt hättest, dass du Jesus nicht nachfolgst, ja, ihn nicht einmal kennen würdest. Trotzdem hatte er sich in seiner überschwänglichen Art sofort vom Boot gestürzt, als er Jesus erkannt hatte – es muss ein unglaublicher Moment voller widerstreitender Gefühle gewesen sein, als Petrus auf Jesus zuging und sich fragte, was er wohl sehen würde, wenn er in seine Augen blickte – ob es irgendetwas gab, womit er seine Verleugnung ungeschehen machen könnte.

Schauen wir uns mal das Gespräch an, das Johannes für uns aufzeichnete: „Simon, Sohn von Johannes", sagte Jesus und benutzte den offiziellen Namen von Petrus. „Liebst du mich mehr als die hier mich lieben?"

Vielleicht warf Petrus einen Seitenblick auf die anderen Jünger, vielleicht schämte er sich aber auch zu sehr. Schließlich war er derjenige, der immer am vorlautesten seine Loyalität verkündet hatte, nur um sie dann in einem Anfall größter Feigheit verpuffen zu sehen. Er antwortete leise: „Ja, Herr, du weißt, dass ich dich liebe!"

„Sorge für meine Lämmer", sagte Jesus. Und fast ohne eine Pause dazwischen stellt er Petrus dieselbe

Frage gleich noch einmal: „Simon, Sohn von Johannes, liebst du mich?"

Und wieder antwortet Petrus: „Ja, Herr, du weißt, dass ich dich liebe."

„Leite meine Schafe."

Und dann ein drittes und letztes Mal die Frage: „Simon, Sohn von Johannes, liebst du mich?"

Diesmal war Petrus betrübt. Ob ihm wohl Tränen in den Augen standen? „Herr", flüsterte er, „du weißt alles, du weißt auch, dass ich dich liebe!"

Und Jesus sagte: „Sorge für meine Schafe!"

Ich finde es jedes Mal wieder wunderbar, wie Jesus Petrus die Möglichkeit gibt, jeden einzelnen Schritt seiner Verleugnung rückgängig zu machen und ihm wieder seinen rechtmäßigen Platz verleiht. Keine Anklagen, kein abwertendes Kopfschütteln. Für drei Verleugnungen gibt es drei sanfte Fragen. Und auf jede der Fragen kann Petrus von Herzen antworten.

Jetzt ist Petrus bereit, seine Liebe in die Tat umzusetzen und seine Berufung zurückzuerobern – nämlich für Gottes kleine Herde auf Erden zu sorgen. Vielleicht ist es bei dir auch so weit.

## Jesus hat dir etwas zu sagen

Erkennst du dich in Petrus wieder? Ich schon! All die guten Absichten und verpatzten Versuche! Und ich kenne auch solche Momente, in denen Jesus mich wieder einmal mit seiner Gnade überrascht.

*Viele von uns Gemeinde-Hoppern sind wie Petrus. Wir lieben Jesus wirklich; wir haben nur Schwierigkeiten damit, diese Liebe in die Tat umzusetzen.*

Okay, es ist auch nicht gerade hilfreich, dass wir unseren Stolz und unsere Unabhängigkeit so sehr pflegen. Die Gemeinde und alles, was damit zusammenhängt, kommt uns wie schweres Gepäck vor, das uns zu bremsen scheint. Wir sind ziemlich sicher, dass wir allein besser klarkommen. Jedenfalls so lange, bis wir es so richtig vermasselt haben. Und dann stehen wir zitternd und tropfnass am Ufer und warten auf Jesus, all unsere Hoffnungen an einem seidenen Faden.

Doch ich habe eine gute Nachricht: Jesus kommt uns genau in diesen Momenten entgegen. Er weiß, dass wir ihn lieben, und er möchte, dass wir es auch erkennen. Er hat uns etwas zu bieten, ohne das wir nicht leben können. Und er möchte uns etwas sehr Wichtiges über unsere Zukunft sagen.

Wenn du Jesus leidenschaftlich liebst, aber dich noch nicht verbindlich einer Gemeinde angeschlossen hast, hoffe ich, dass Gott dir auf den Seiten dieses Buches begegnet ist und leise mit dir gesprochen hat, so wie damals mit Petrus. Ich hoffe, du hast einige verkehrte Einstellungen entlarvt, die du gegenüber der Kirche hattest. Ich hoffe, du konntest innerlich „Ja" zu dem sagen, was dir zwischen den Zeilen gesagt wurde. „Ja, Herr, du weißt, dass ich dich liebe."

In einem Punkt bin ich mir ganz sicher: Jesus ist nicht hier, um jemanden zu verurteilen. Er bittet dich stattdessen um etwas ganz Spezielles.

Und es ist nicht das, was du erwartet hattest, nicht wahr? Das wäre eher etwas in der Art gewesen wie: „Aha, du liebst mich also? Dann erwarte ich, dass du ein perfektes Leben führst!", oder: „Dann geh hin und evangelisiere die Welt!", oder: „Dann sollten wir jetzt mal unter vier Augen miteinander reden."

Stattdessen beruft er dich und mich dazu, einfach seine Gemeinde zu lieben. Denn sich wirklich intensiv auf das einzulassen, was Jesus selbst so unendlich wichtig ist, ist letztendlich unsere Berufung.

Glaubst du das? Bist du bereit, dir diese Berufung zurückzuerobern? Zu lieben, was Jesus liebt, ist immer das Allerwichtigste – ob du ein impulsiver Apostel namens Petrus bist oder ein misstrauischer Mensch namens Jack oder ein junger Pastor namens Joshua.

## Ein Herz für die Gemeinde

In den Monaten, die ich mit dem Schreiben dieses Buches verbrachte, wurde ich zum Hauptpastor unserer Gemeinde berufen. Der Mann, dessen Platz ich einnehme, ist mein lieber Freund und Mentor C. J. Mahaney.

Erinnerst du dich noch an die Kassetten, von denen ich dir erzählt habe und die meine Sicht der Gemeinde total verändert haben? C. J. hat diese Predigten gehalten. Damals konnte ich noch nicht ahnen, dass ich nicht mal ein Jahr später meine Sachen packen und durch das halbe Land fahren würde, um in der Einliegerwohnung von C. J.s Haus zu leben und mir von ihm beibringen zu lassen, wie man Pastor wird.

C. J. war 27 Jahre lang der Pastor unserer Gemeinde und jetzt gibt er die Verantwortung an mich weiter. Er ist noch immer in der Blüte seines Lebens und Dienstes und könnte die Gemeinde noch viele Jahre leiten, aber er will mir die Gelegenheit dazu geben, solange ich noch jung bin – und solange er noch in der Nähe ist, um mich zu beraten und zu ermutigen.

Wenn Fremde hören, dass ich Pastor bin, ernte ich immer kritische Blicke. „Du siehst nicht alt genug aus, um Pastor zu sein", sagen sie dann. Und ich lächle nur. Andere nehmen an, dass ich Jugendpastor bin, und ich stelle das auch nicht richtig. Ich habe mich nämlich selbst noch nicht daran gewöhnt, „richtiger" Pastor zu sein. Kein Wunder, dass die Leute immer denken, ich sei vielleicht Pastor in einer Gemeinde von Vorschulkindern!

Zu sagen, dass ich mich völlig fehl am Platze fühle, wäre eine Untertreibung. Freunden gegenüber mache ich immer Witze, dass ich das, was mir an Weisheit fehlt, eben mit Unerfahrenheit wettmache. Der einzige Grund, warum ich diese Rolle ausfüllen kann, ist die Tatsache, dass ich von älteren, erfahrenen Pastoren umgeben bin, die viele Jahre im Dienst gestanden haben, mich unterstützen und mir beistehen. Das ist ernüchternd, aber es ist auch eine inspirierende Illustration dessen, wie Kirche aussehen sollte – sie ist kein Ort, wo man sich mit Ellenbogeneinsatz nach oben kämpft, sondern wo Menschen die Rolle ausfüllen, in der sie Gottes Zielen am besten dienen können.

Und in meiner Schwäche fühle ich dennoch auch Glauben und Freude bei der Aussicht, meiner Gemeinde dienen zu dürfen. Ich liebe die Menschen in der *Covenant Life Church*. Sie lieben Gott, sie sind demütig, und ich glaube wirklich, dass ich geboren bin, um dies zu tun. Ich betrachte es als meine Lebensberufung und habe keinerlei Ambitionen, woanders zu arbeiten als hier in Gaithersburg in Maryland. Meine Bücher sind absolut zweitrangig, und ohne das kleinste bisschen Reue habe ich mich kürzlich dazu entschlossen, nicht mehr herumzureisen und Vorträge und Konferenzen zu halten. Mein Herz gehört meiner Gemeinde. In Apostelgeschichte 20,28 steht, dass Jesus die Gemeinde mit seinem eigenen Blut erkauft hat. Wie könnte ich ihr da weniger als mein ganzes Leben widmen?

Das ist es, was Petrus getan hat. Und sieh nur, was daraus geworden ist!

## Dies ist unsere Zeit

Das erste Kapitel der Apostelgeschichte ist die erste Seite der Kirchengeschichte. Wir können unsere geistlichen Wurzeln bis zu dieser Seite zurückverfolgen. Hier beauftragt Jesus seine Nachfolger, als seine Zeugen bis an die Enden der Erde zu gehen. Dann kehrt er in den Himmel zurück. Ein paar Zeilen weiter fährt der mächtige Wind des Geistes in eine Gruppe von 120 wartenden Gläubigen ... und die Gemeinde ist geboren!

Petrus war nicht mehr derselbe. Willst du wissen, wie Hingabe an die Gemeinde aussehen kann? Dann folge Petrus und den anderen Aposteln, die in die Welt ausschwärmten und die Gute Nachricht verbreiteten. Jeder Brief, jedes Gebet bis zur letzten Seite des Neuen Testaments ist Beweis dafür, dass Petrus und seine Freunde sich tatsächlich dazu entschieden, das zu lieben, was Jesus liebt, und seine Schafe zu hüten.

Denke nur an die zahllosen Frauen und Männer seither – keine großen Lichtgestalten, sondern ganz normale Christen – die ihr Leben zu Gottes Ehre in ihren Ortsgemeinden gelebt haben. Die wenigsten davon kennen wir heute noch mit Namen. Und doch hat ihre Treue mit dazu beigetragen, dass du und ich 2.000 Jahre später Jesus kennen. Wenn diese Menschen in ihrer Generation nicht für das Evangelium eingestanden hätten, wären wir heute nicht da, wo wir sind. Sie haben Gottes Wort studiert und angewandt, sie haben sich versammelt, um das Evangelium zu bezeugen, sie haben mit ihren Worten und Taten für den gekreuzigten und auferstandenen Jesus gelebt.

Durch sie hat Gott andere gerettet und verändert, die dann wiederum das Evangelium weitergetragen haben. Und so ging es über alle Generationen, bis wir zu der Person kommen, die dir von Jesus erzählt hat.

Und da sind wir nun.

Dies ist unsere Zeit.

Heute sind wir die Gemeinde Jesu Christi.

........................................................

*Heute kommt Jesus zu uns mit der Frage, die er damals Petrus gestellt hat: Werden wir, so will er wissen, uns ganz und gar der Aufgabe verschreiben, sein kostbares Evangelium durch die Gemeinde in dieser Generation weiterzusagen?*

Meine Brüder und Schwestern – ich hoffe, wir können „Ja" dazu sagen!

Charles Spurgeon hat einmal über die Gemeinde als seinem „liebsten Ort auf Erden" gesprochen. Als ich noch ein Gemeinde-Hopper war, hätte ich diese Aussage einfach nicht verstanden.

Aber heute tue ich es.

# Anmerkungen

## Kapitel 1

[1] *Homeschooling*: Unterricht in den eigenen vier Wänden. In den USA dürfen Eltern unter bestimmten Voraussetzungen ihre Kinder nach einem festgelegten Lehrplan selbst zu Hause unterrichten; (Anm. d. Übs.)

[2] George Barna: *Number of Unchurched Adults Has Nearly Doubled Since 2001*, The Barna Group, 4. Mai 2004. http://www.barna.org/FlexPage.aspx?Page=BarnaUpdateNarrow& BarnaUpdateID=163 (Stand: 1. Juni 2004)

[3] Paul David Tripp: *Instruments in the Redeemer's Hands*, P&R Publishing 2002, S. 20 f.

## Kapitel 2

[1] Eric Lane: *I Want to Be a Church Member*, Evangelical Press of Wales 1992, S. 21

[2] Richard Phillips: *The Church*, P&R Publishing 2004, S. 27

[3] John Stott: *The Message of Ephesians*, InterVarsity Press 1986

## Kapitel 3

[1] Chuck Colson/Ellen Vaughn: *Being the Body*, W Publishing Group 2003, S. 271

[2] Charles Spurgeon: *Spurgeon at His Best*, Baker 1988, S. 33–34

[3] Brian Habig/Les Newsom: *The Enduring Community*, Reformed University Press 2001, S. 173–174

[4] Donald Whitney: *Spiritual Disciplines Within the Church*, Moody 1996, S. 81–82

# Kapitel 4

[1] John Stott: *The Message of Ephesians*, S. 129
[2] John Loftness: *Why Small Groups?*, Sovereign Grace Publishing 1996, S. 21

# Kapitel 5

[1] Donald Whitney, S. 66
[2] Charles Spurgeon, S. 67
[3] John C. Wenger (Hrsg.): *The Complete Writings of Menno Simons*, Herald Press 1956, S. 413

# Kapitel 6

[1] Matthew Henry, zitiert in J. I. Packer: *A Quest for Godliness*, Crossway Books 1990, S. 239
[2] J. I. Packer, S. 240
[3] John Piper, aus einer Predigt mit dem Titel „Take Care How You Listen!" (2. Teil) vom 22. Februar 1998
[4] J. I. Packer, zitiert bei Donald Whitney: *Spiritual Disciplines in the Church*, S. 69
[5] Donald Whitney, S. 69
[6] John Piper, a. a. O.

# Dank

An C. J. Mahaney. Ich widme dir dieses Buch, weil ich ohne dich nie aufgehört hätte, ein Gemeinde-Hopper zu sein. Danke, dass du Jesus und seine Gemeinde so liebst. Danke, dass du mir mit gutem Beispiel vorangegangen bist. Und danke, dass du mir die Gemeinde anvertraut hast, die du so liebst!

An Joshua Quinn und Emma, die jeden Morgen in mein Büro stürmen und mich unterbrechen und mich umarmen. Ihr seid meine größte Freude!

An meine Braut Shannon. Sie hat an dieses Buch geglaubt, als ich kurz vor dem Aufgeben stand. Sie hat mich ermutigt, angefeuert und ständig Opfer gebracht, um es möglich zu machen. Shannon, du bist ein unverdientes Geschenk! Ich möchte lernen, dich so zu lieben, wie Jesus die Gemeinde liebt.

An meinen wunderbaren Retter Jesus Christus, der nicht nur für mich am Kreuz gestorben ist, sondern mir auch noch das Privileg geschenkt hat, Pastor sein zu dürfen. Ich bete dafür, dass dieses Buch deiner Gemeinde dient.

Joshua freut sich immer über Meinungen und Fragen zu seinen Büchern.

Joshua Harris
P.O. Box 249
Gaithersburg, MD 20884 – 0249
jharris@covlife.org
Die Website der Gemeinde: www.covlife.org
Joshuas Website: www.joshharris.com

Joshua Harris
**Die Pharisäerfalle**
An der Wahrheit festhalten, ohne zu verletzen

Die Verpflichtung zur Wahrheit und die zur Nächsten-
liebe stehen oft im Spannungsfeld zueinander. Fehler
beim Namen nennen oder besser ein Auge zudrü-
cken? Joshua Harris ist überzeugt: Man muss sich
nicht zwischen dem einen und dem anderen entscheiden, sondern kann beidem gerecht werden.

Gebunden, 80 Seiten
12 x 18,7 cm
Bestellnummer: 271.121
ISBN: 978-3-86353-121-8

Warren W. Wiersbe
**1x2 des Betens**
Ausschöpfen, was drin ist

Bring dein Gebetsleben auf einen neuen Level. Warren
W. Wiersbe eröffnet mit Humor und Verstand auf ein-
fache Weise, welche Möglichkeiten ein erfülltes Gebetsleben bietet, und hilft, neue Kraft dafür zu tanken. Er
zeigt, wie ehrlich und offen man gegenüber Gott sein
kann und darf.

Taschenbuch, 160 Seiten
11 x 18 cm
Bestellnummer: 271.130
ISBN: 978-3-86353-130-0